CONIGLIO SCOREGGIA

libro da colorare

Young Scholar

Young Scholar
An imprint of Ciparum LLC

Coniglio scoreggia libro da colorare
© 2017 Ciparum LLC
All rights reserved.
ISBN-10:1-63589-373-9
ISBN-13:978-1-63589-373-1

www.youngscholar.co

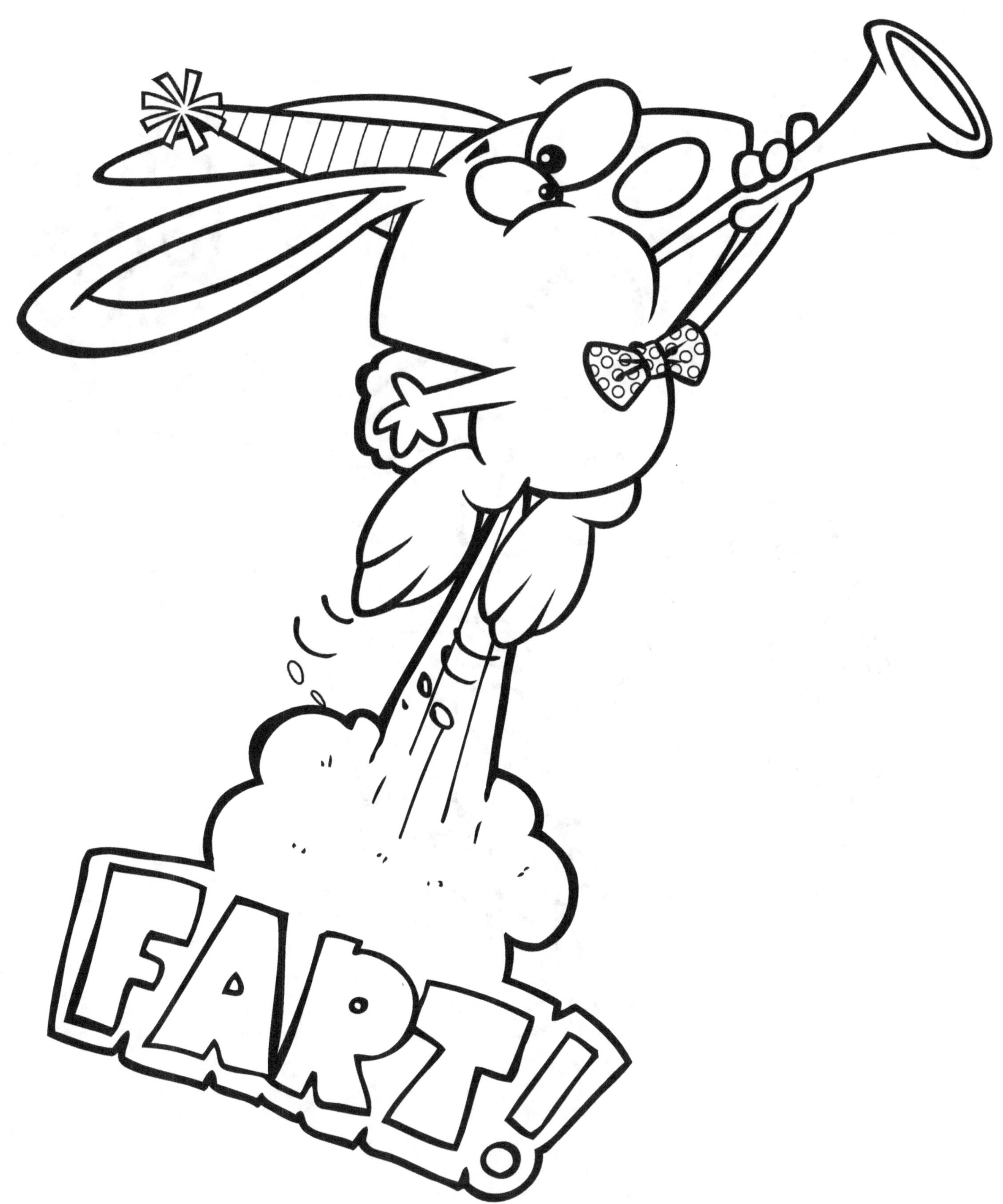

FART!

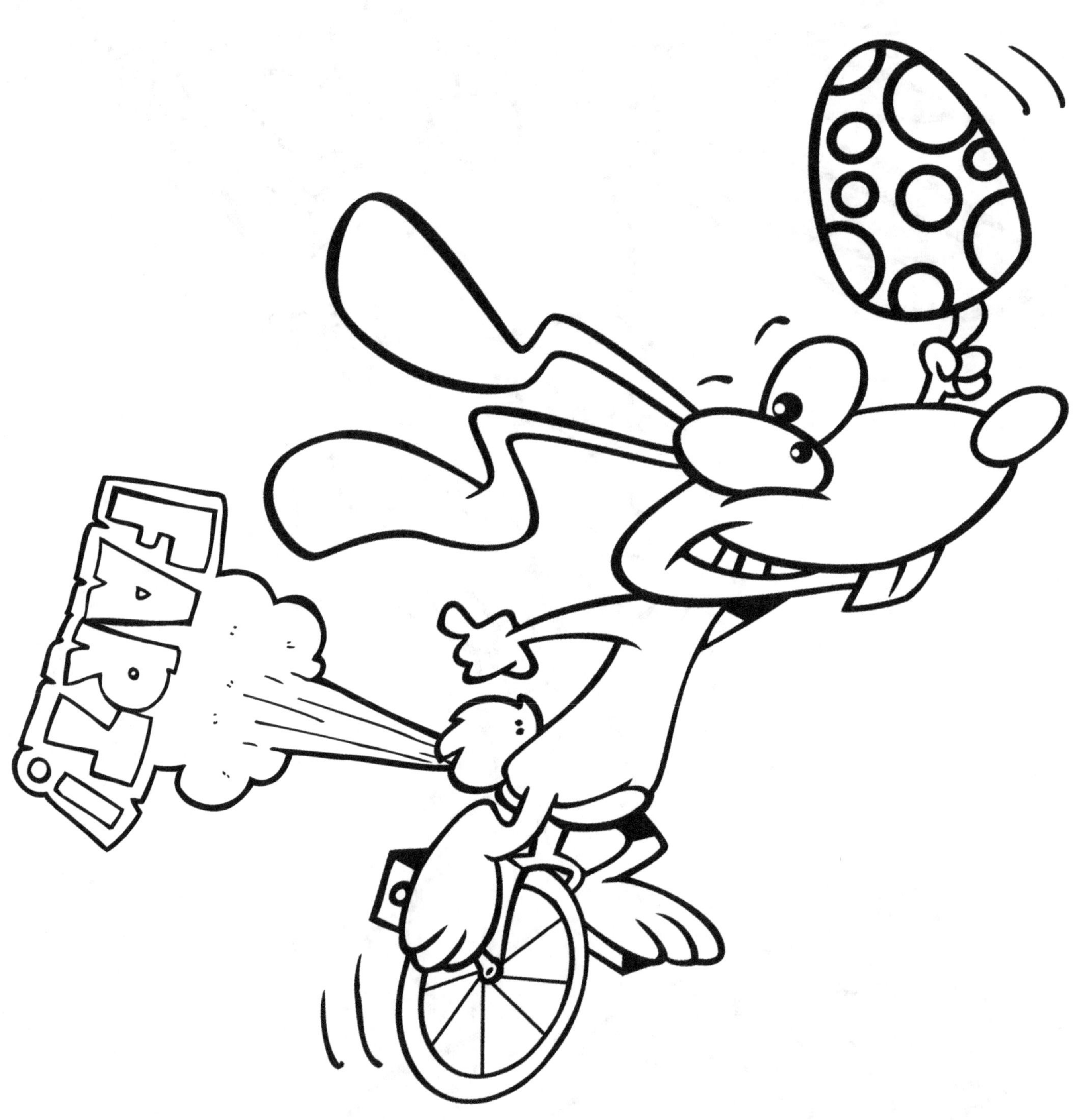
FART!

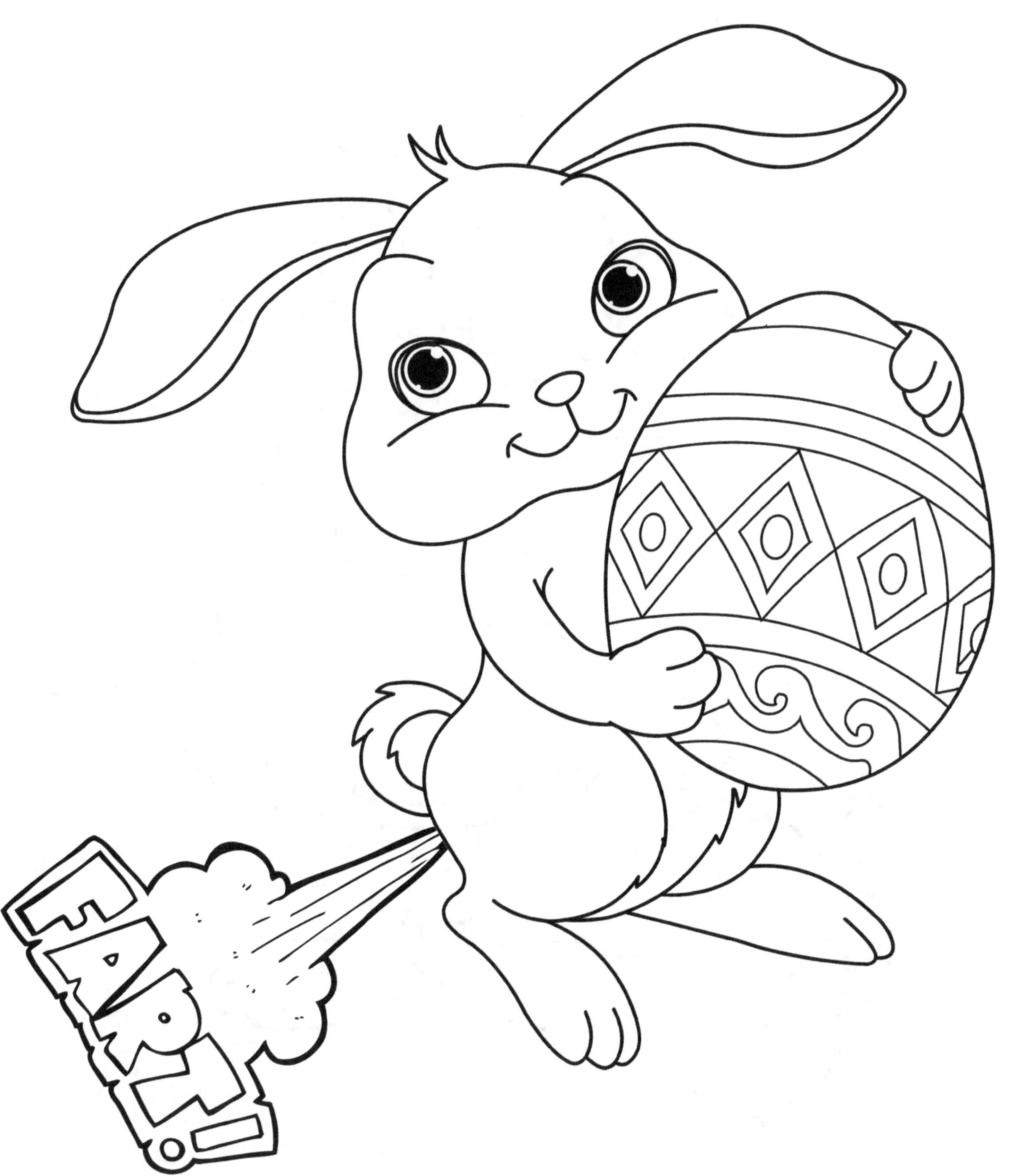

FART!

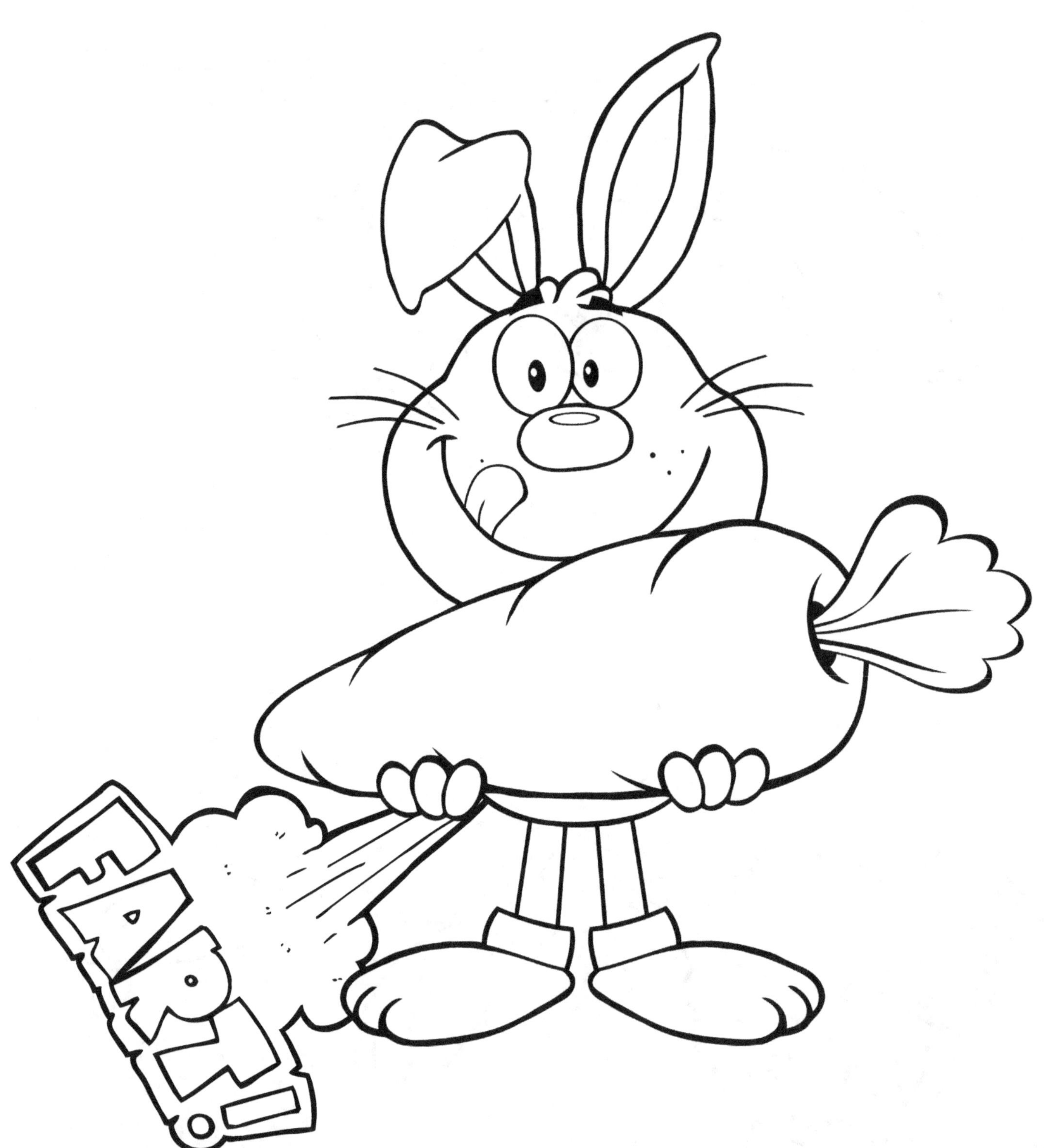
FART!

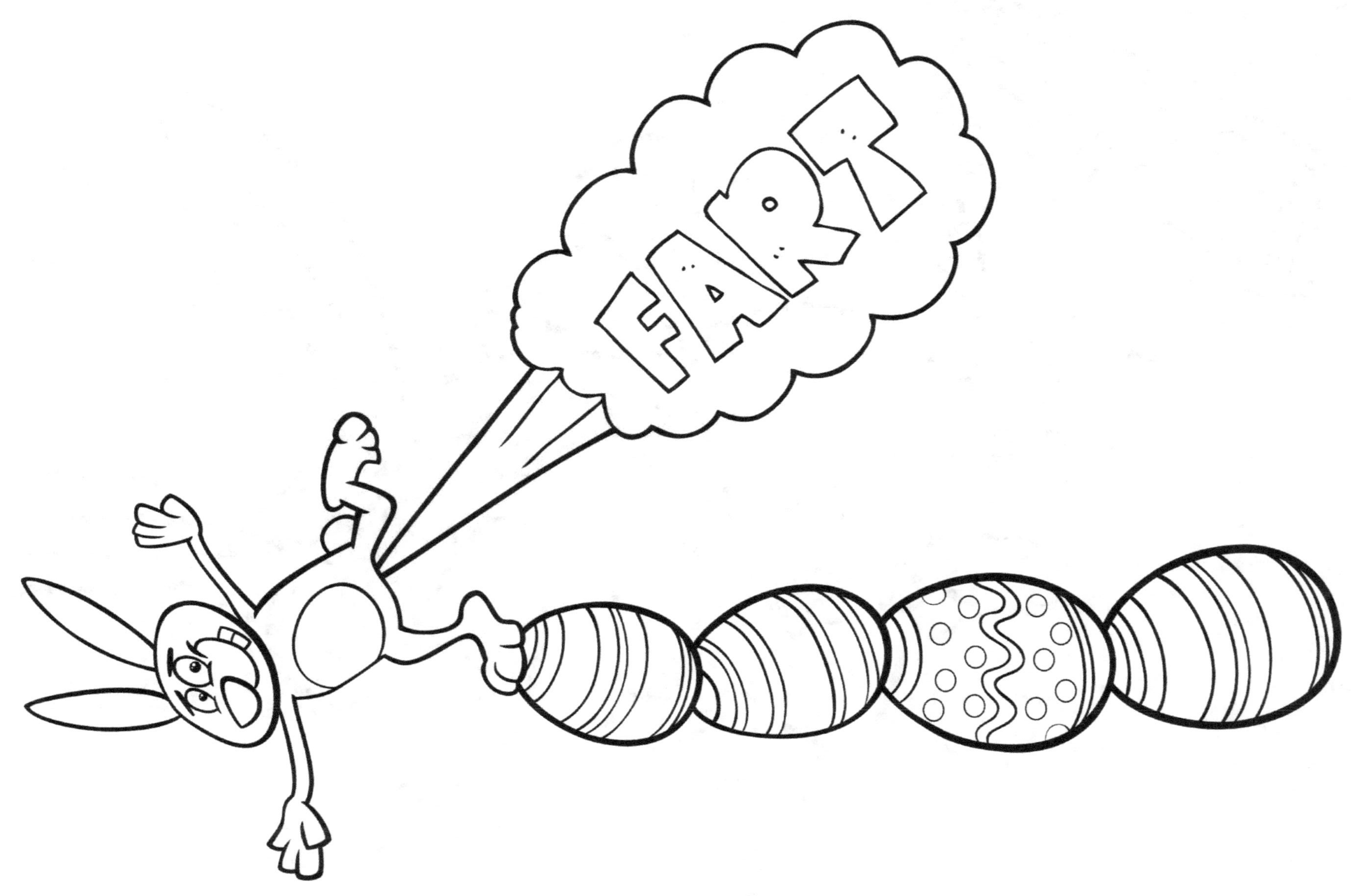
FART

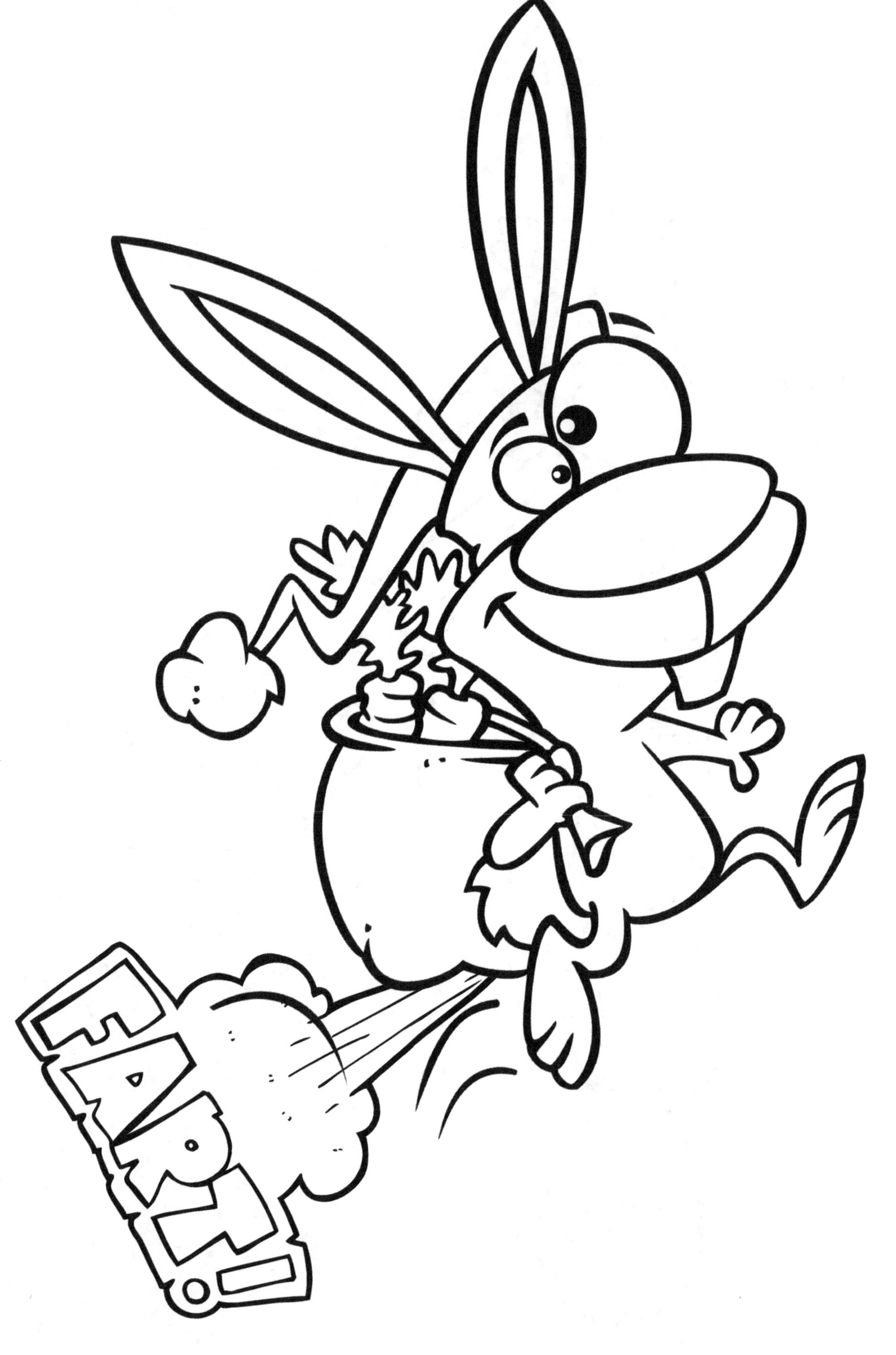

FART!

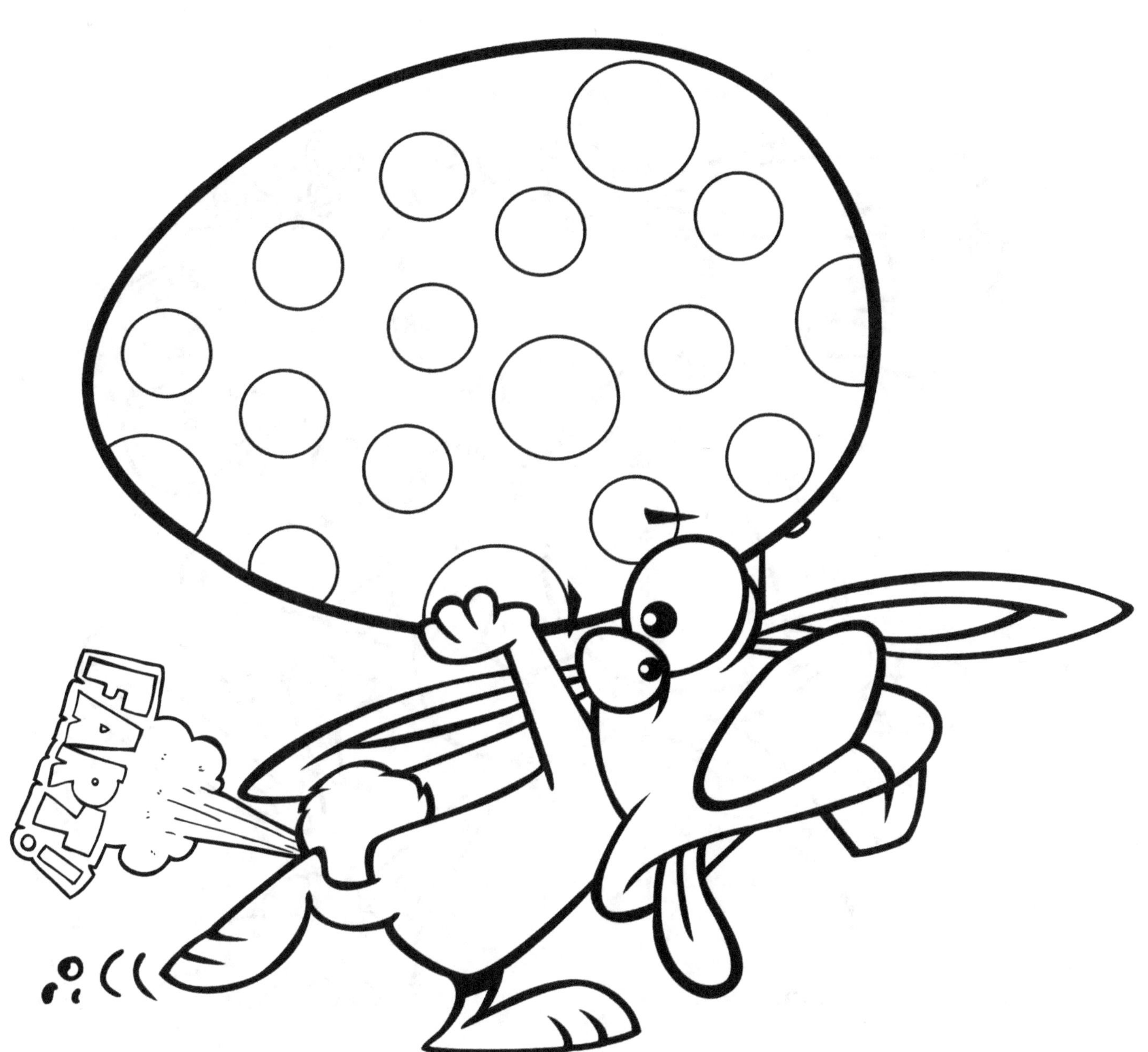
FART!

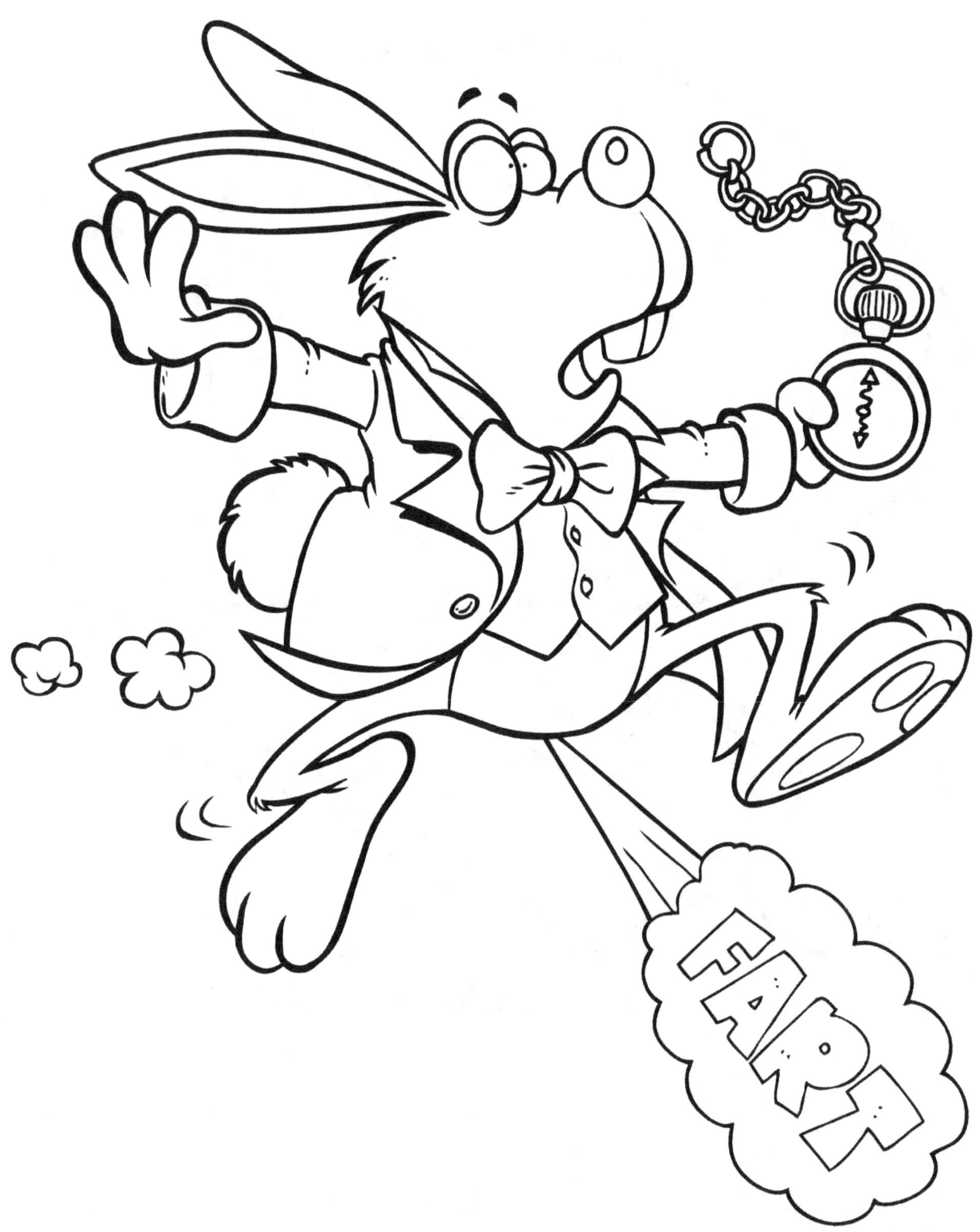
FARR

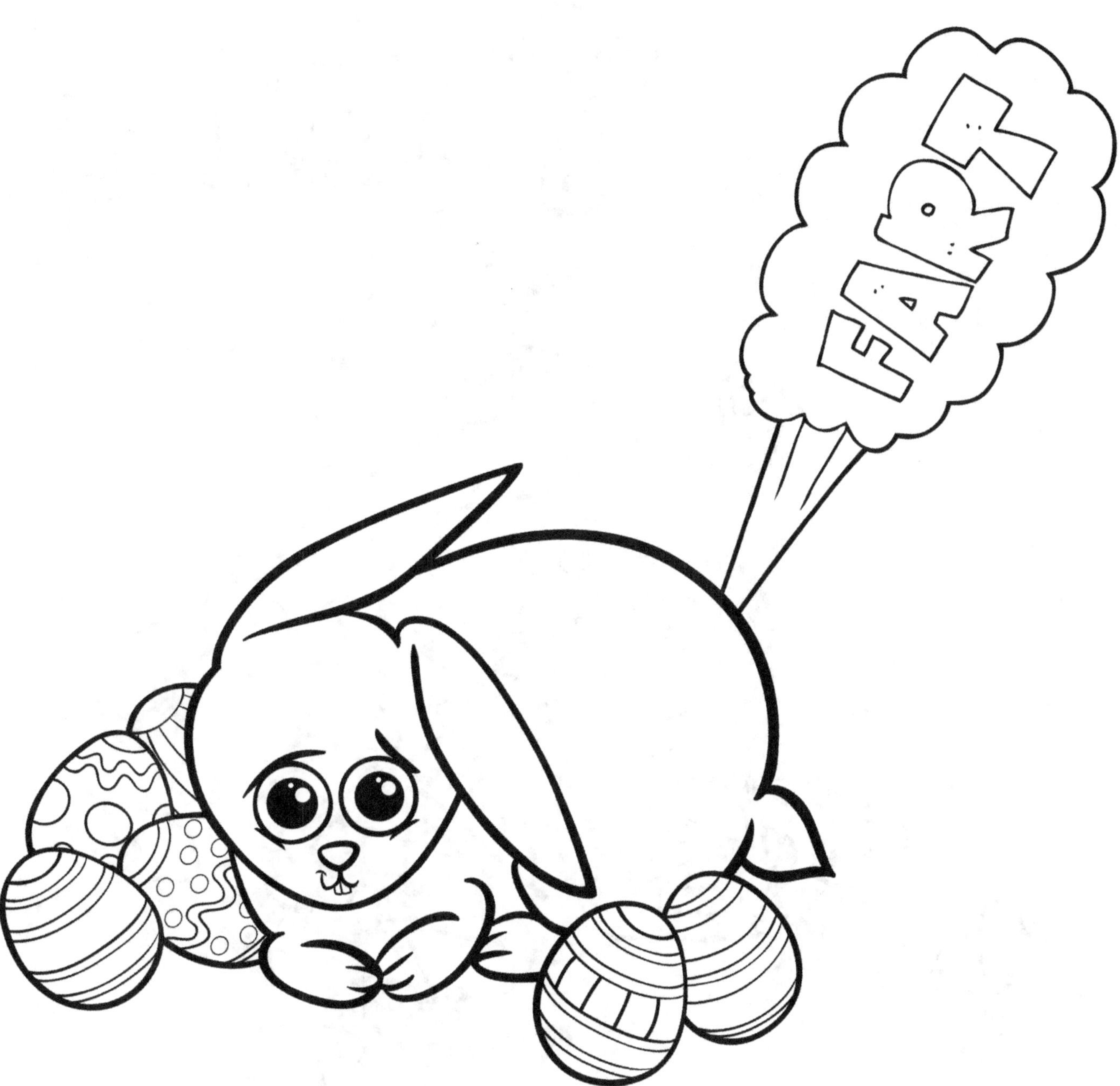
FART

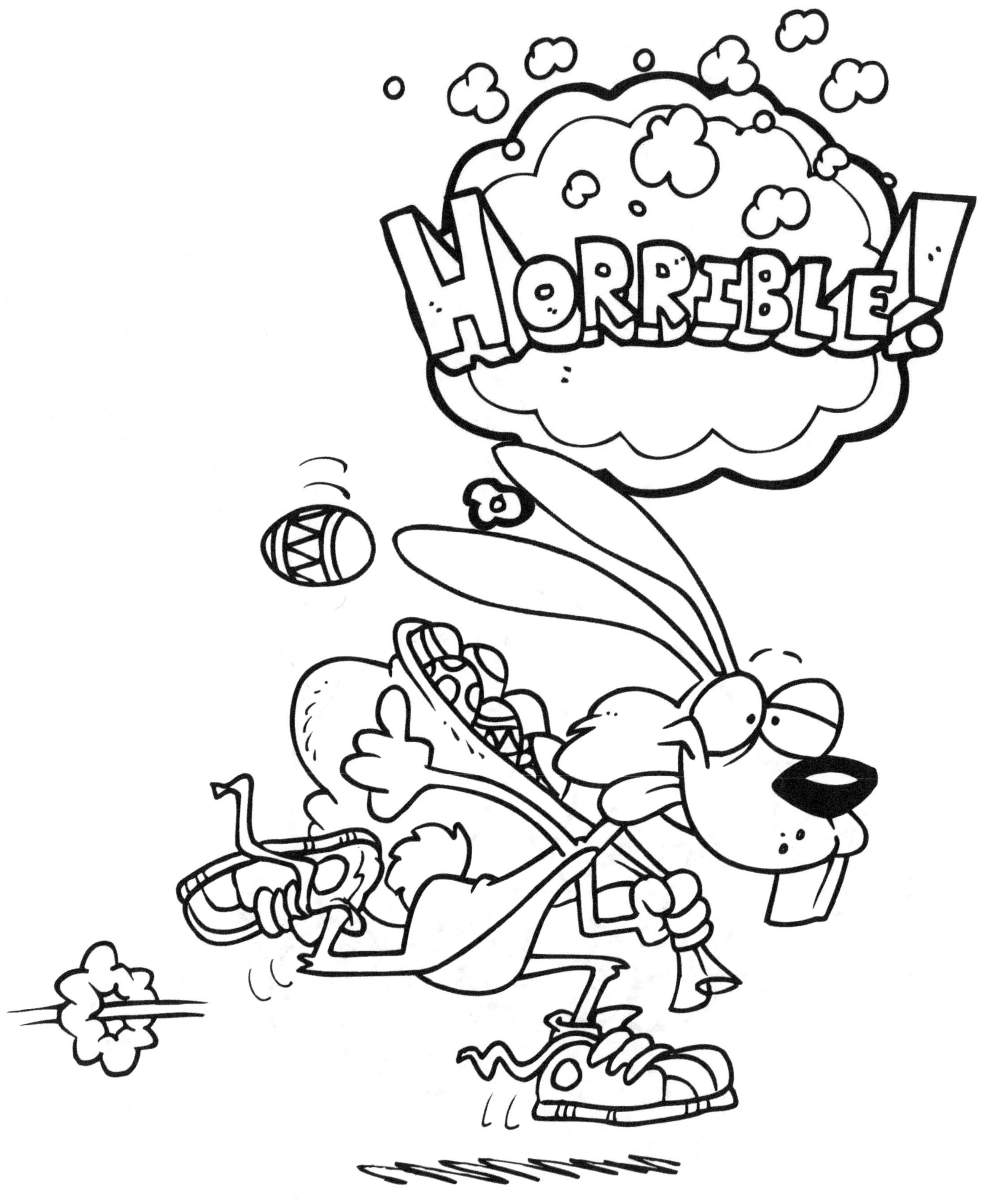
HORRIBLE!

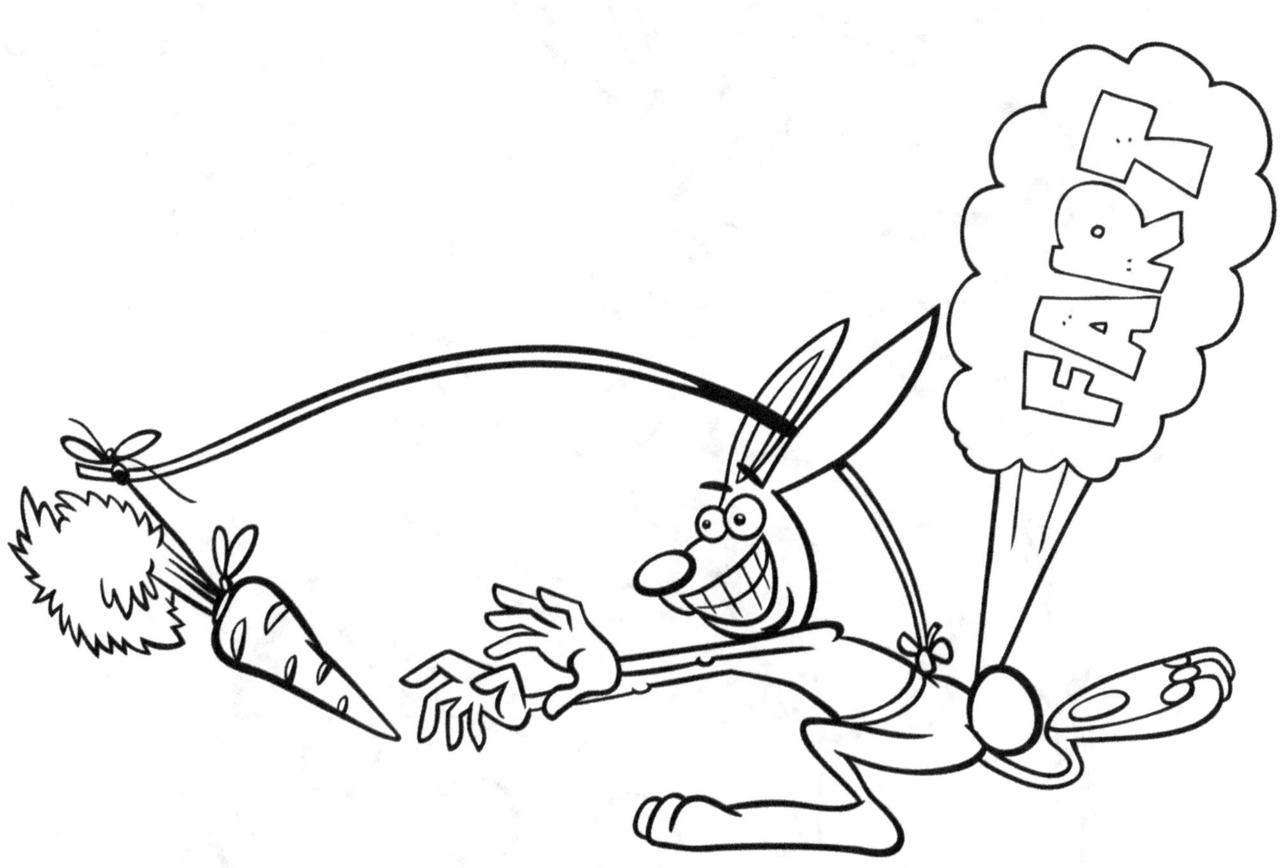

FART

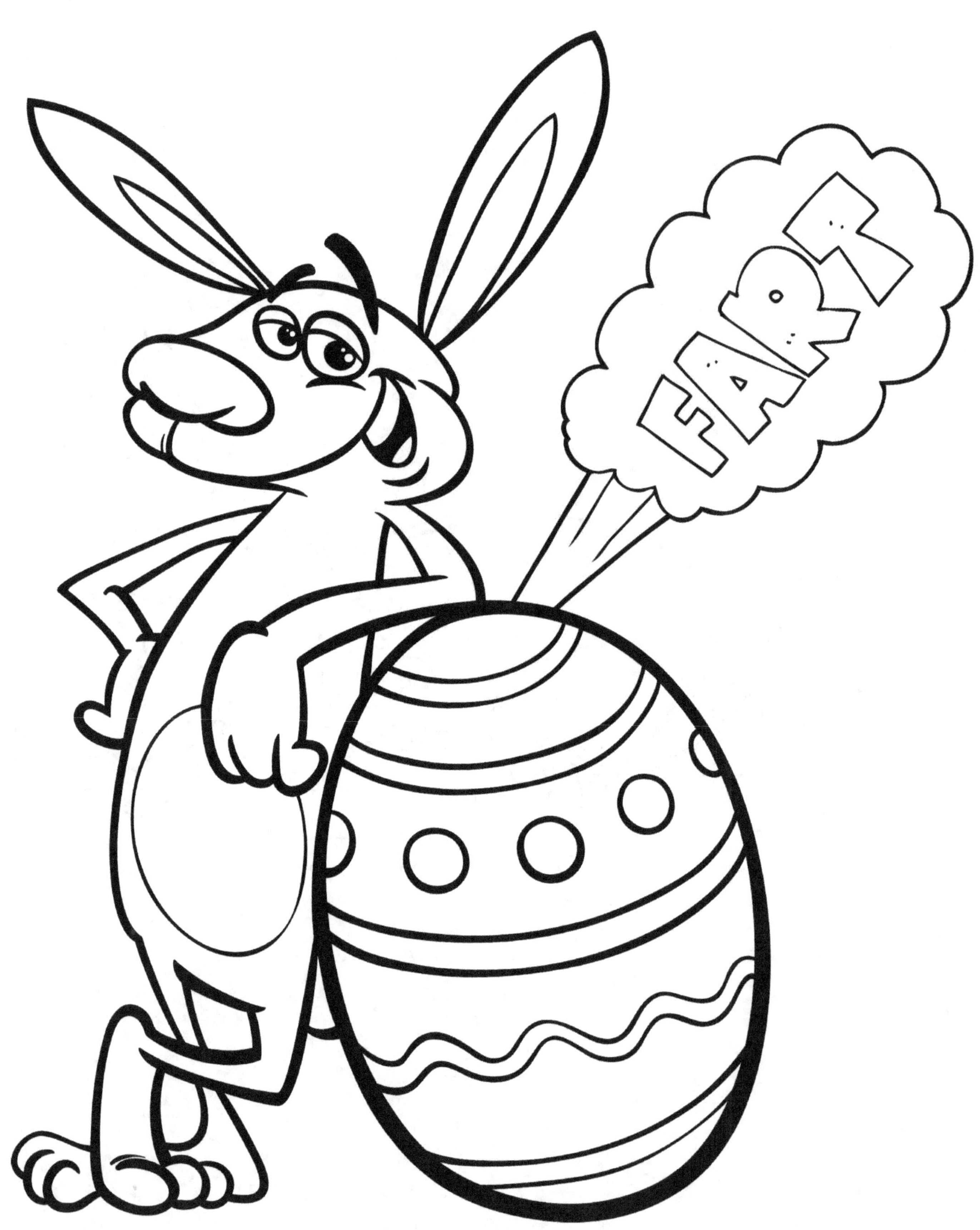
FART

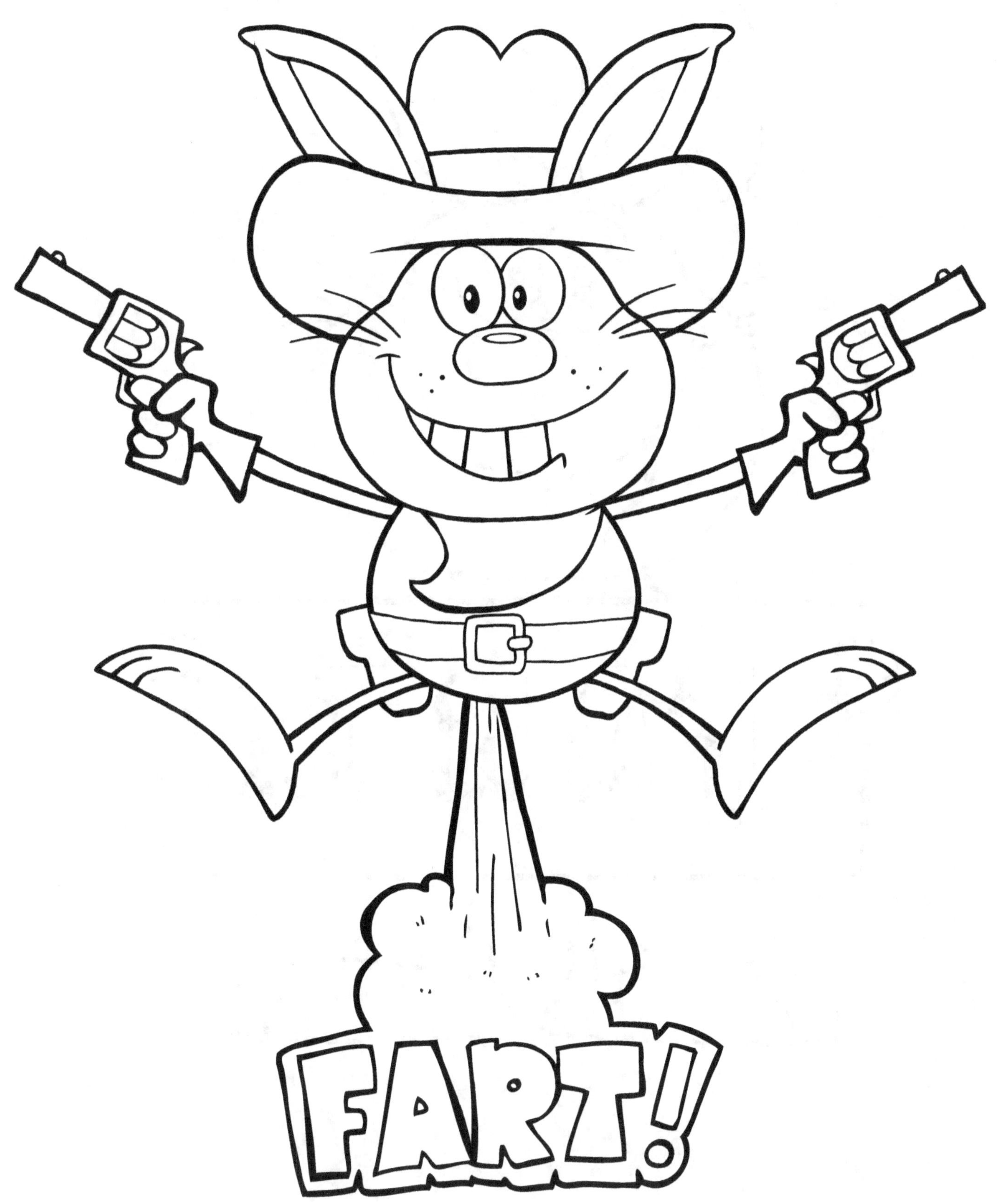

FART!

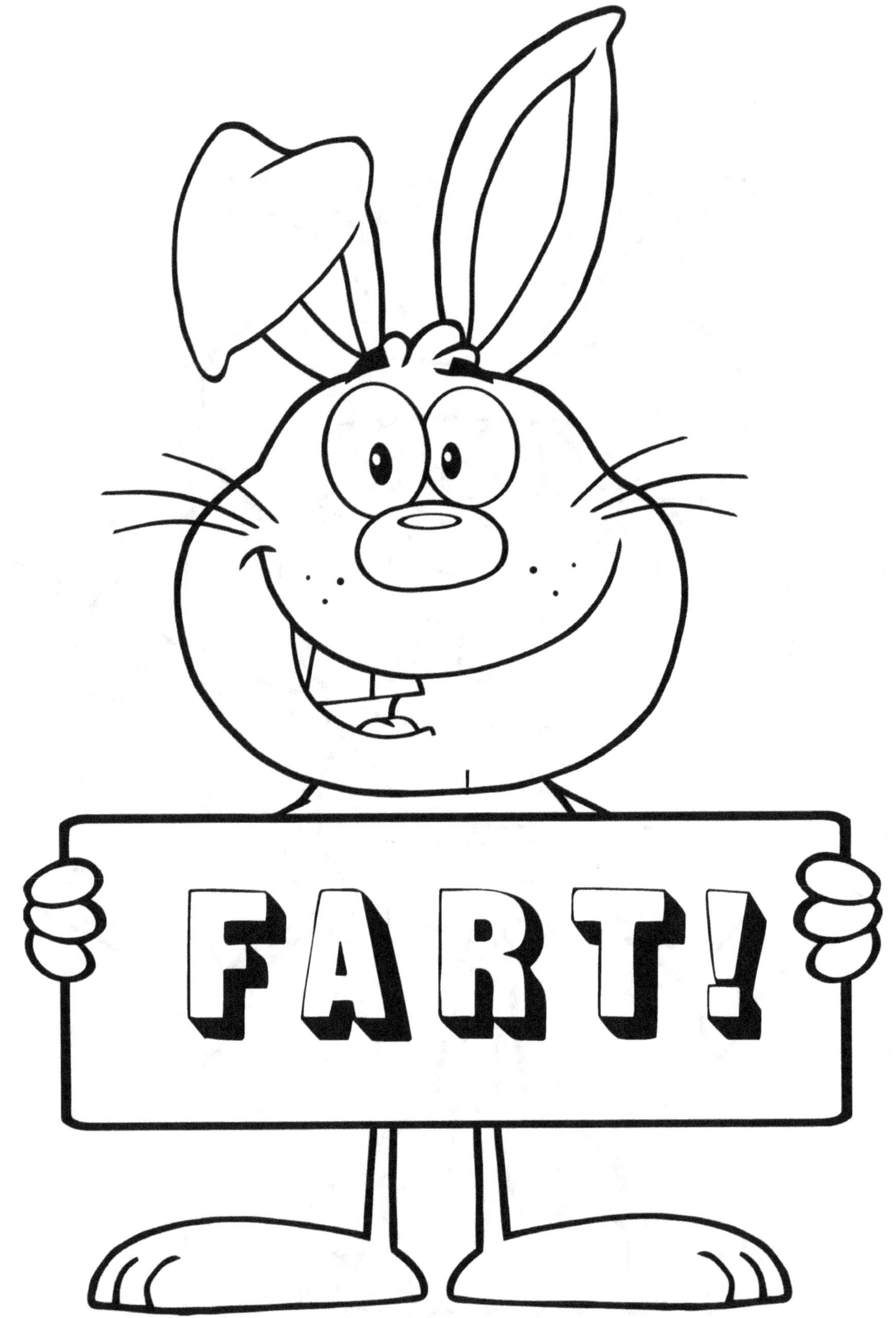
FART!

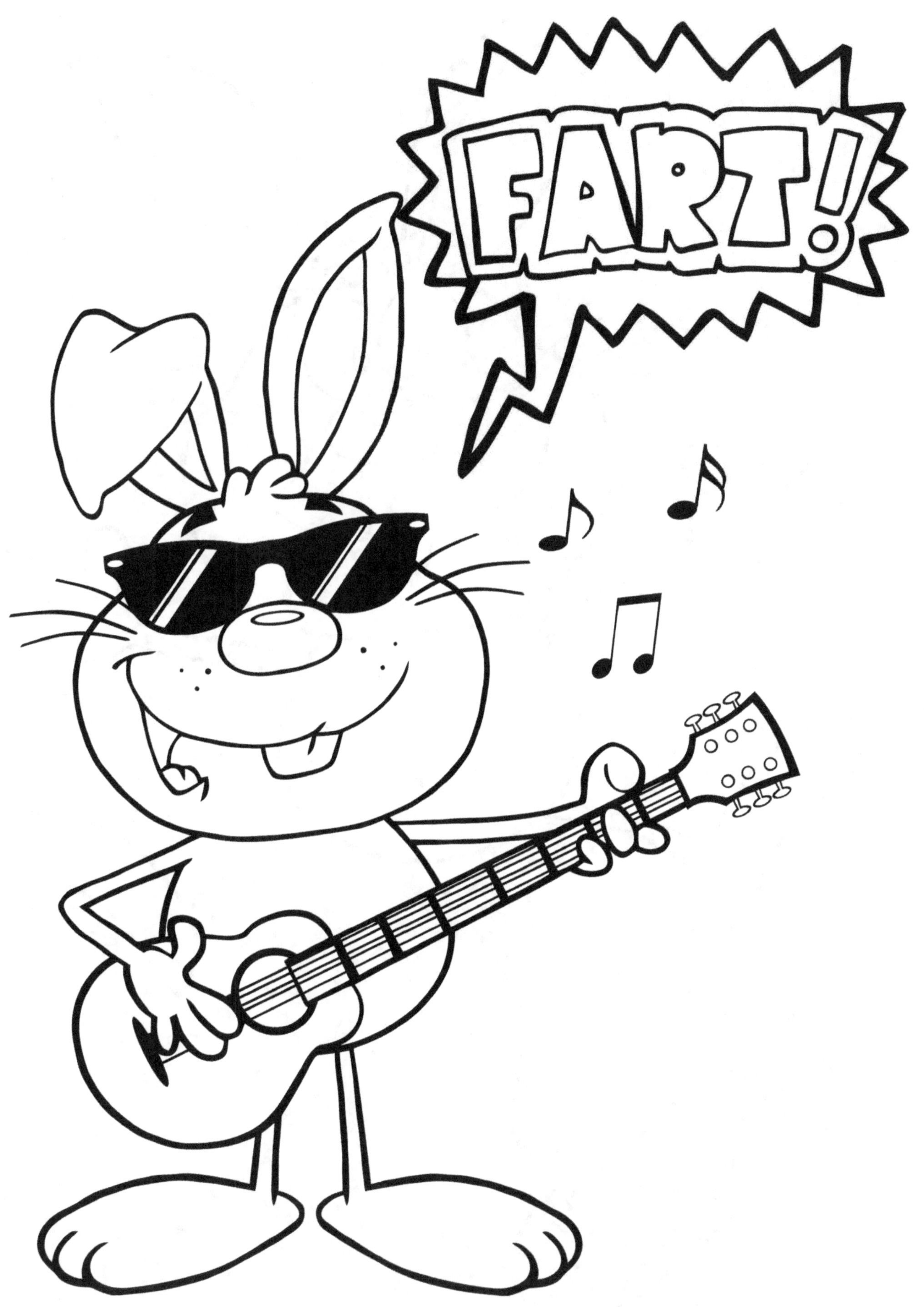

FART!

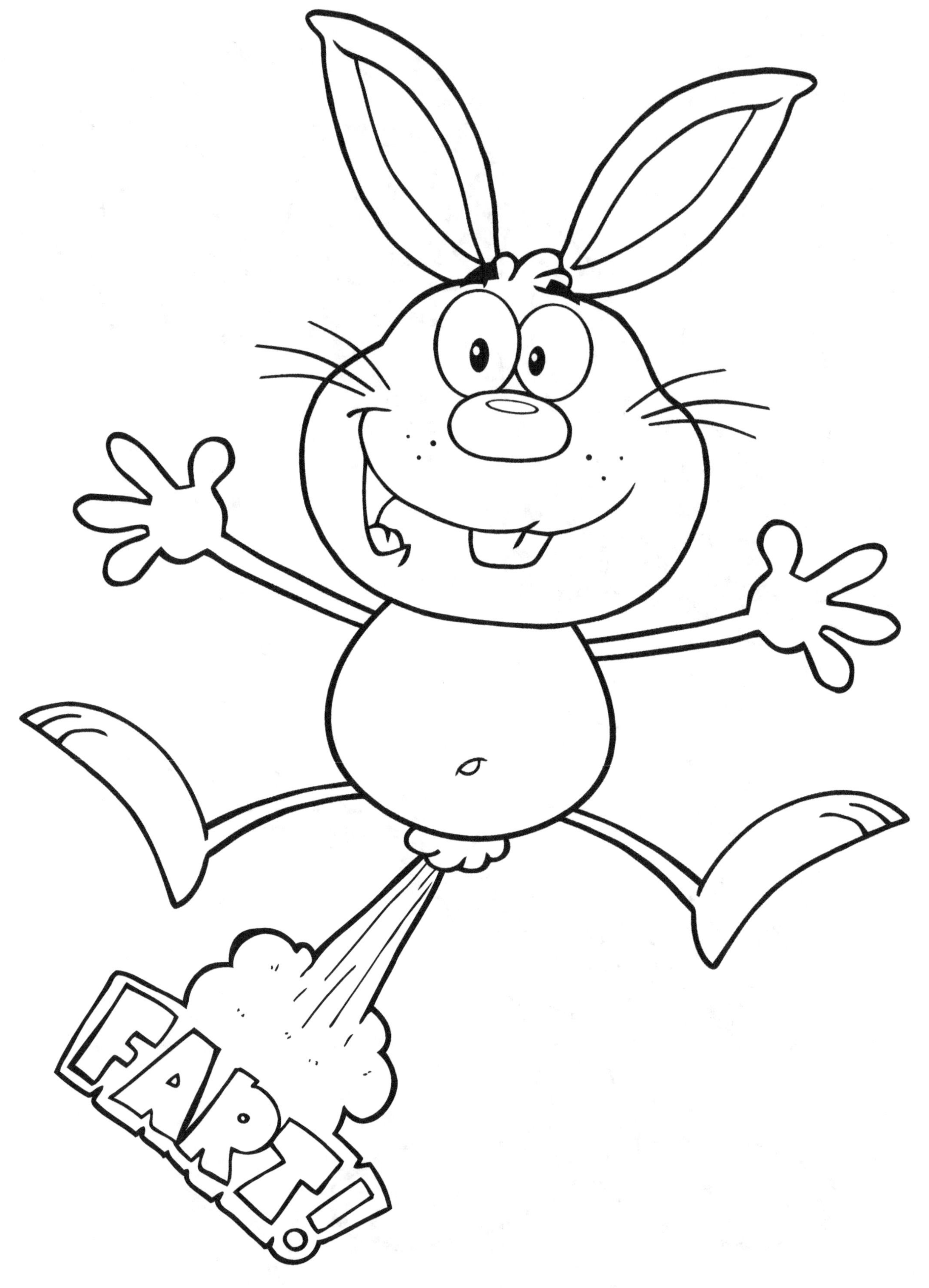
FART!

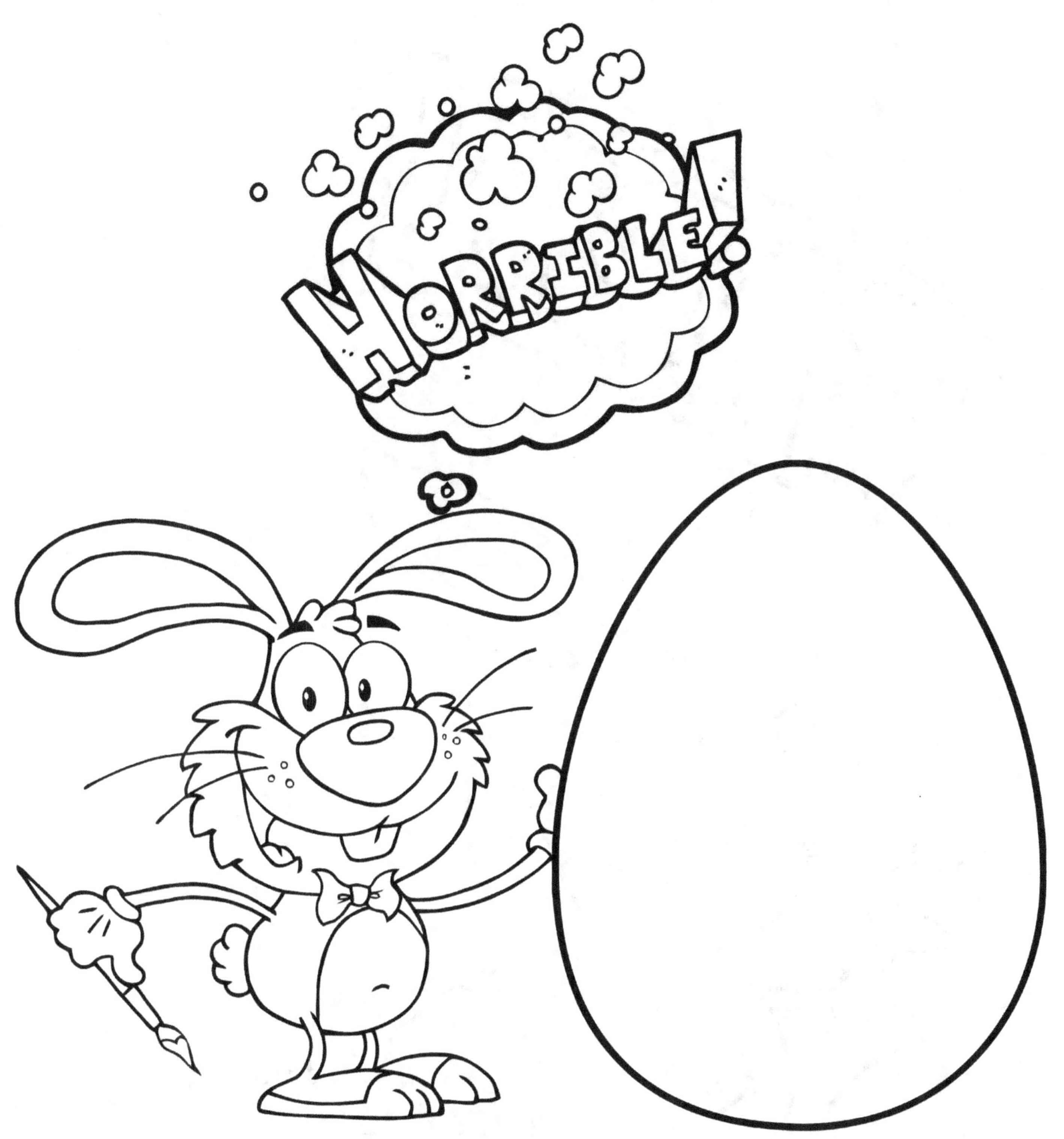

HORRIBLE!

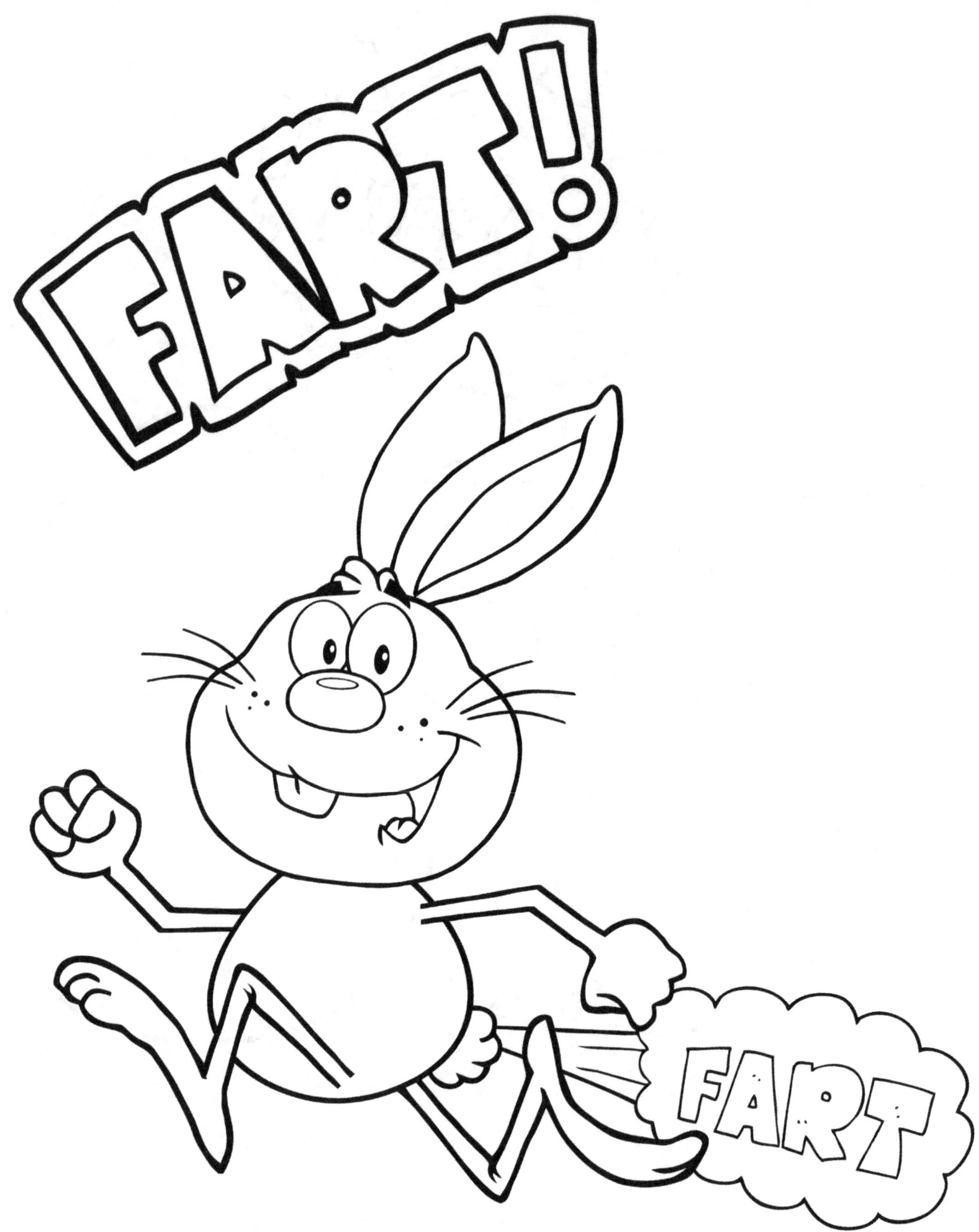

FART!
FART

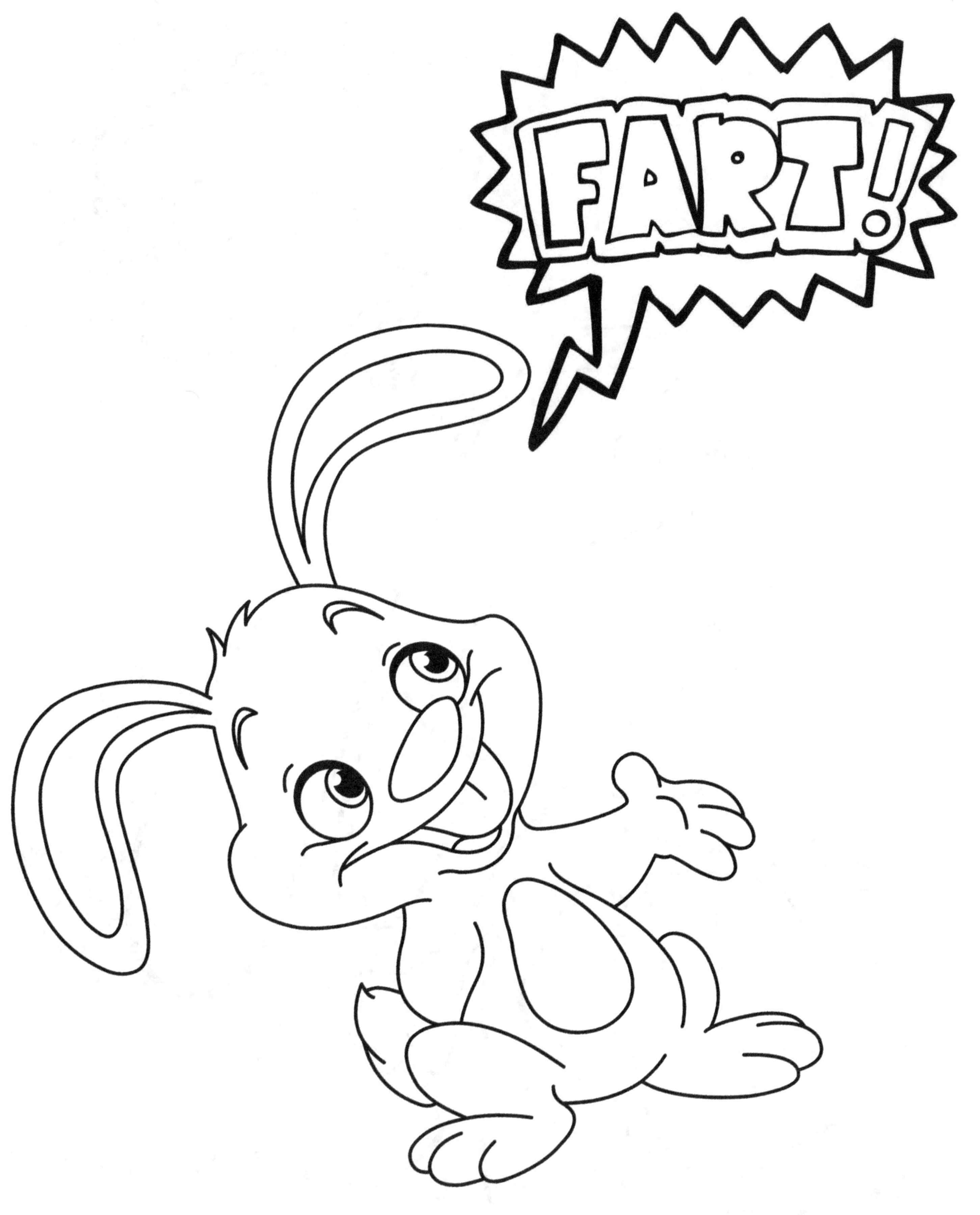
FART!

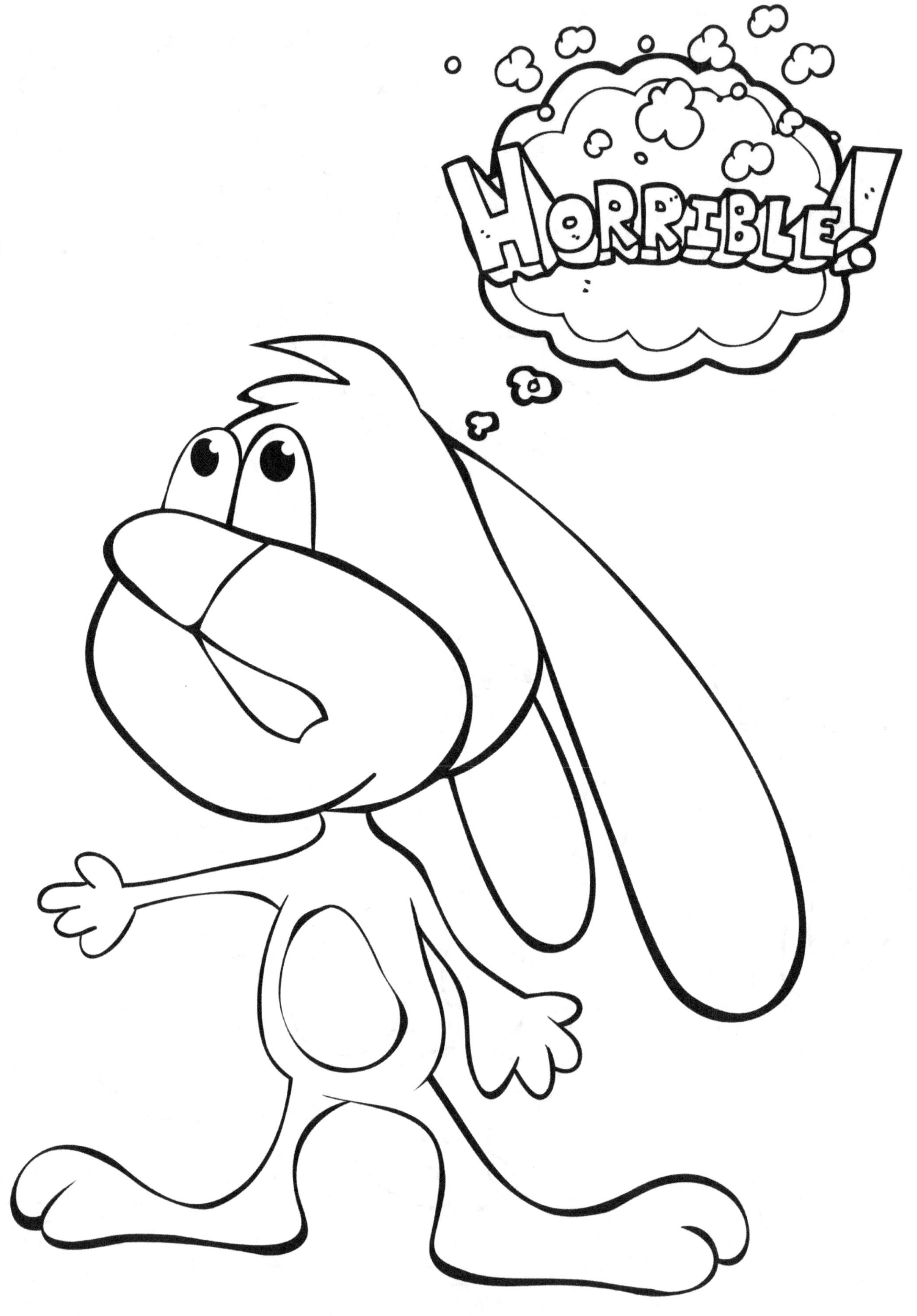

HORRIBLE!!

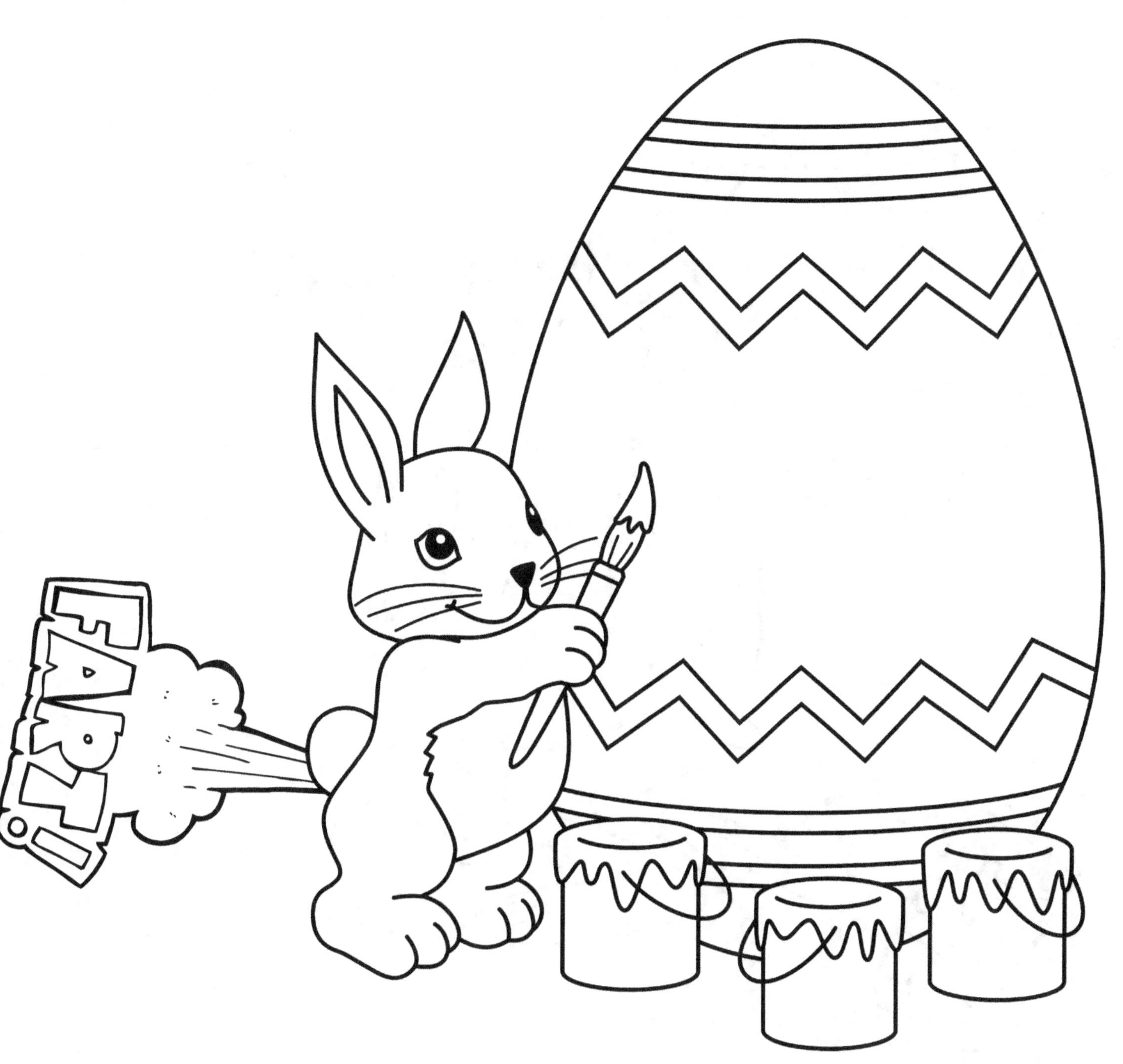

FART!

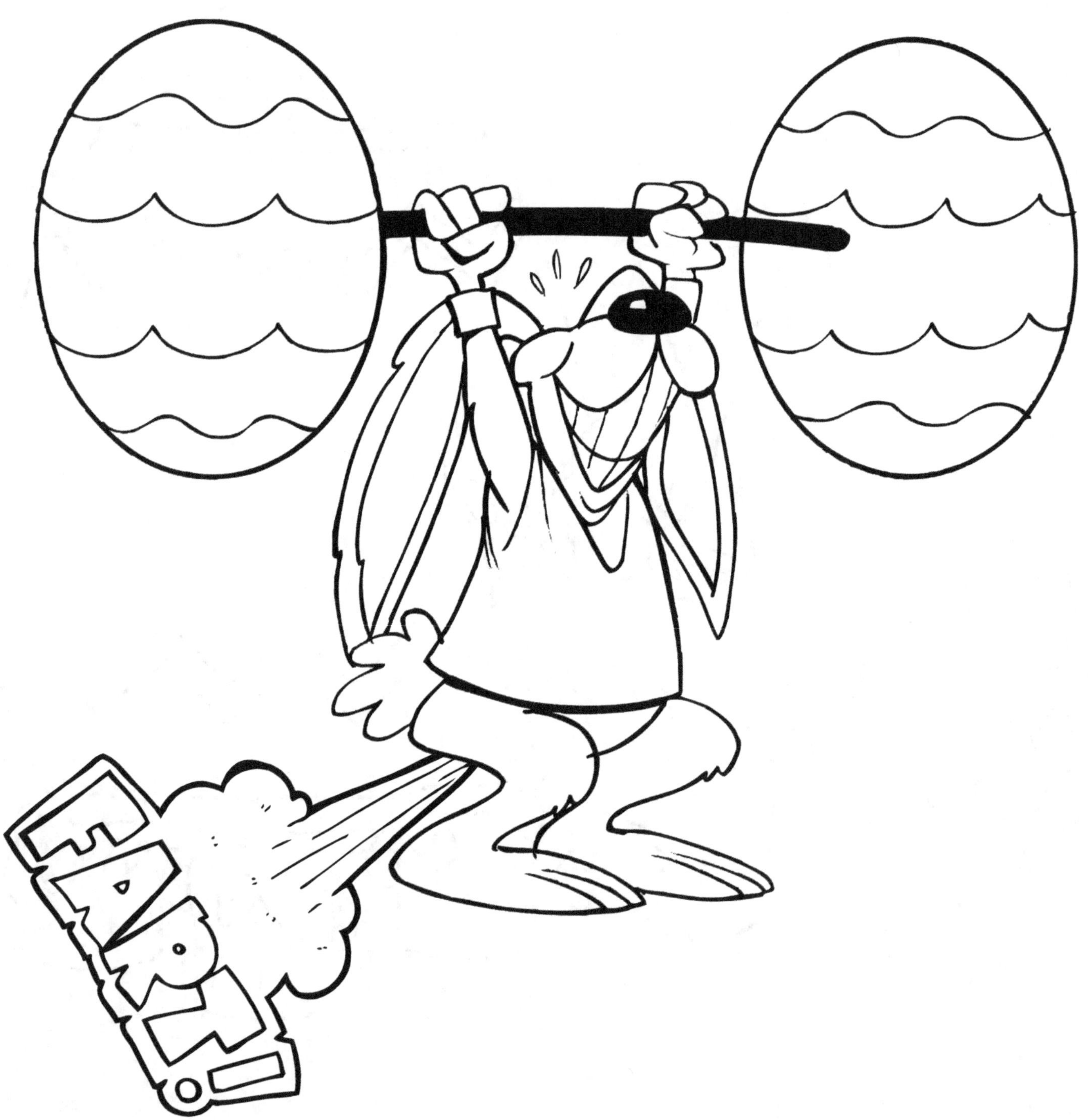
FART!

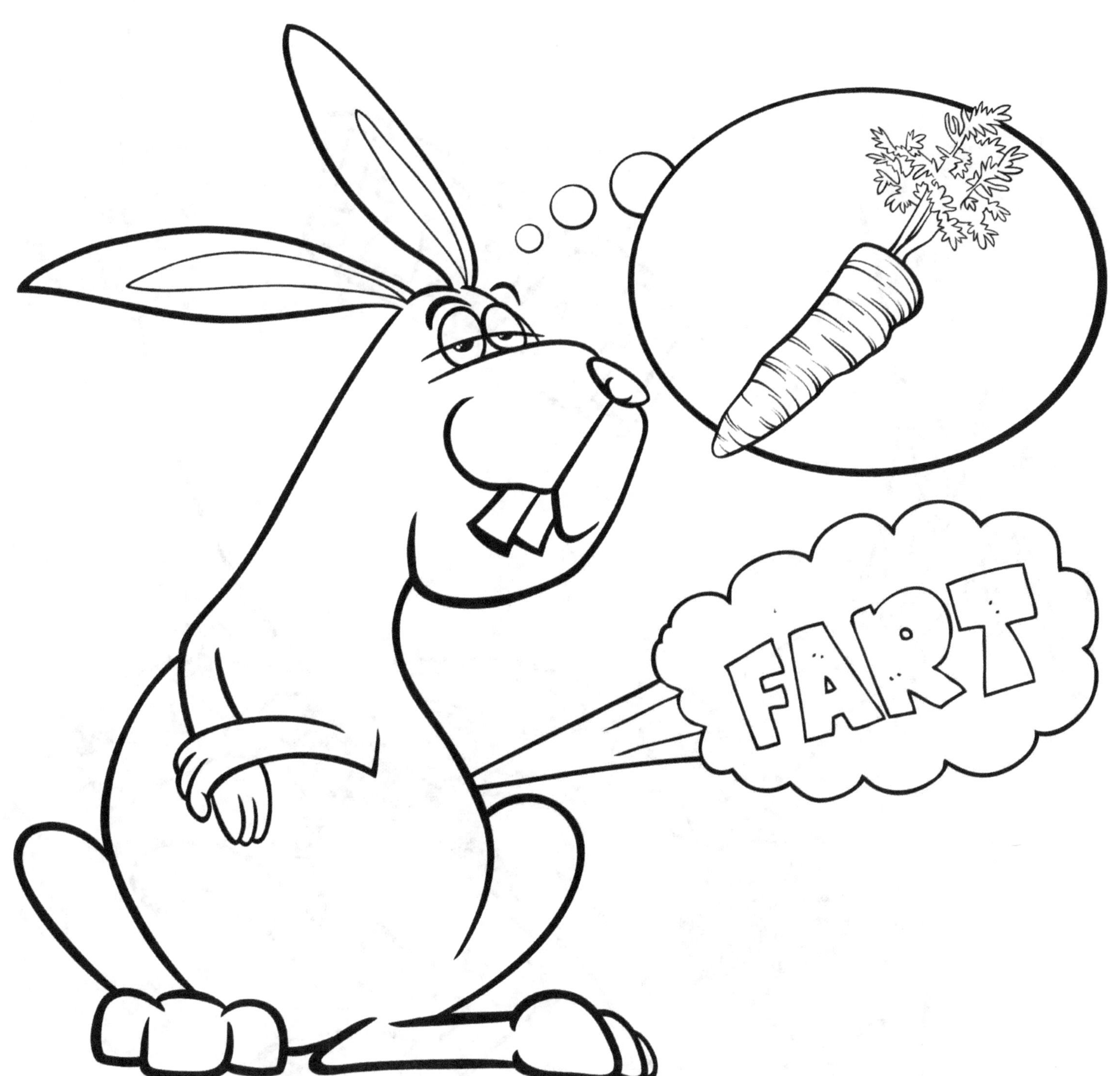
FART

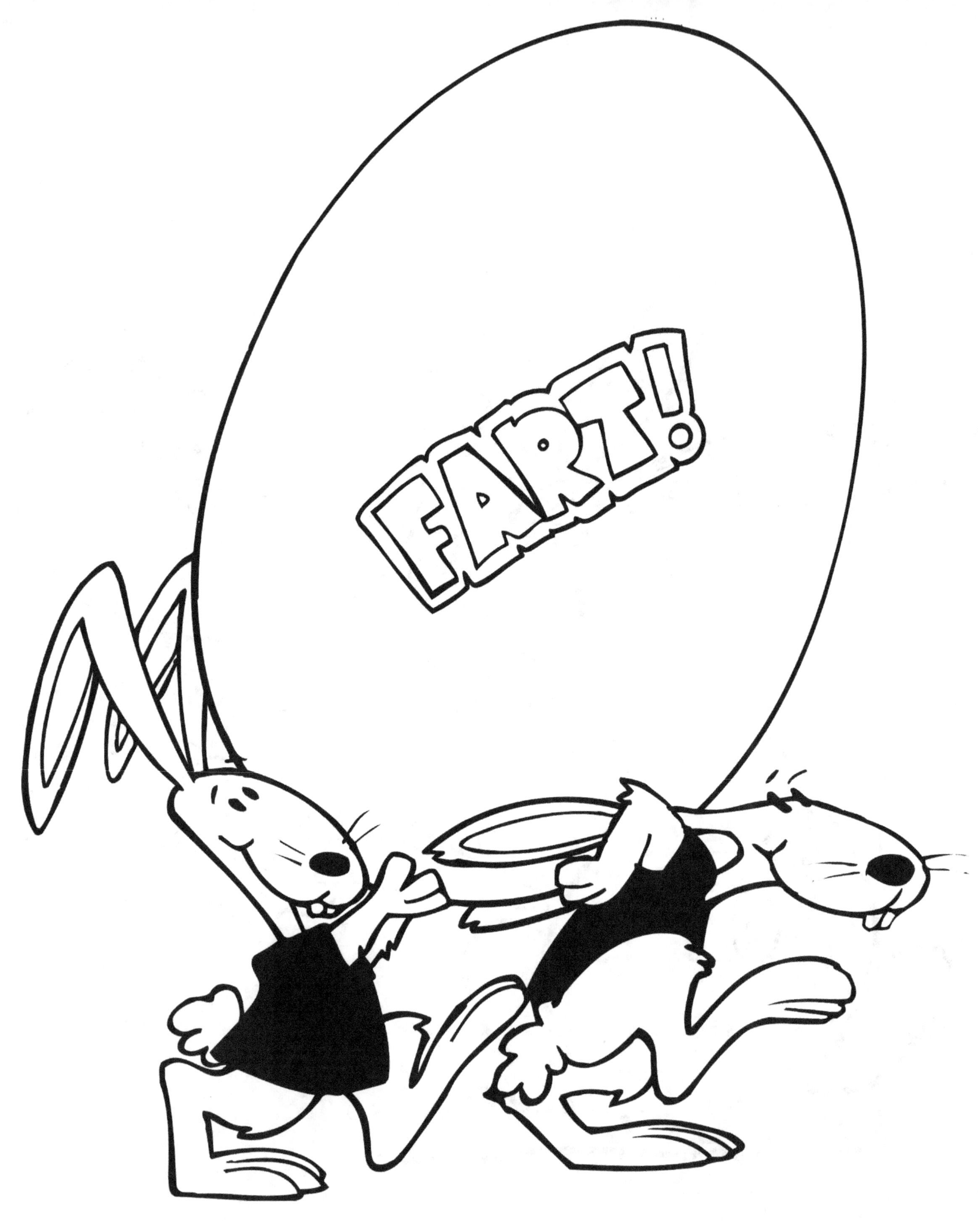

FART!

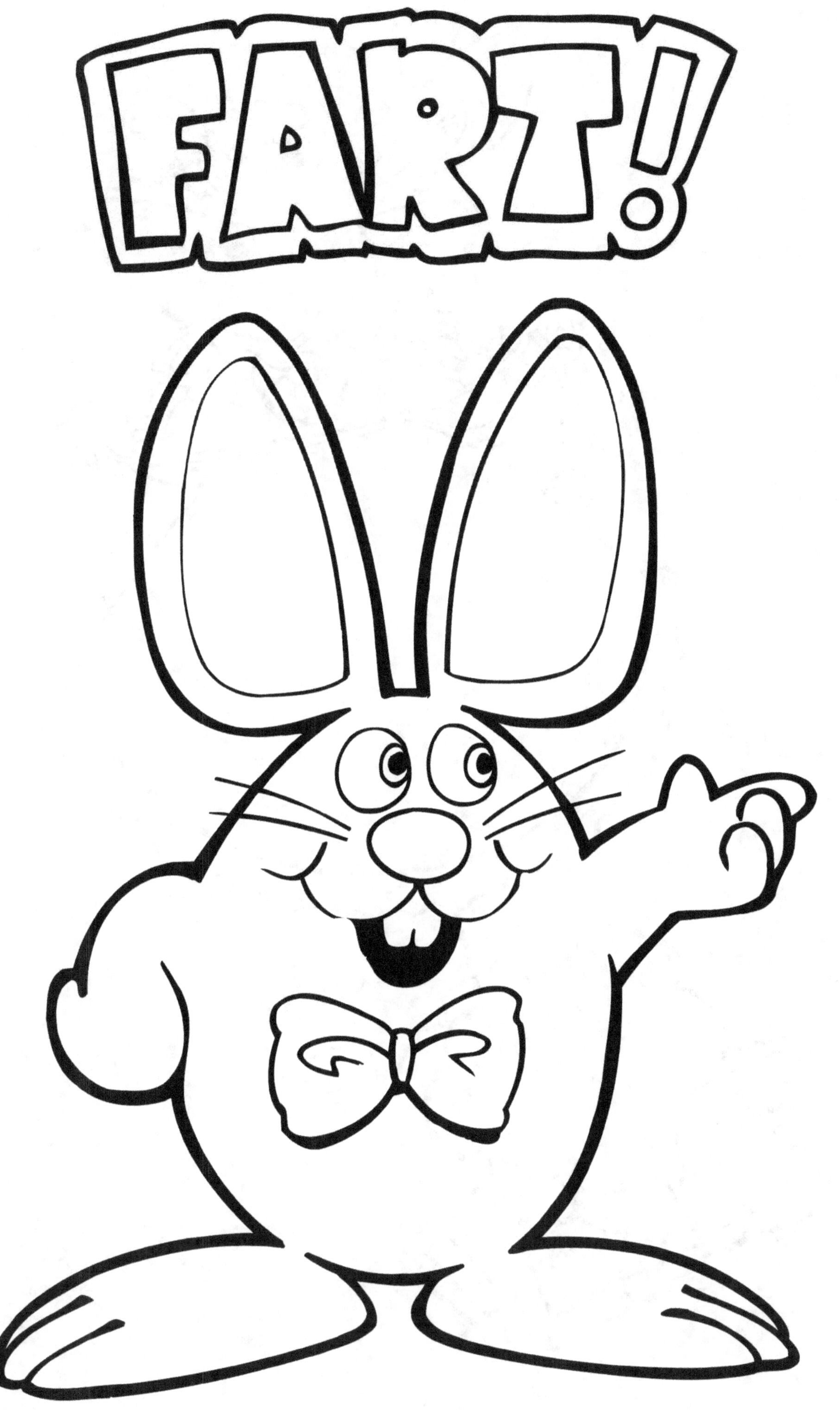
FART!

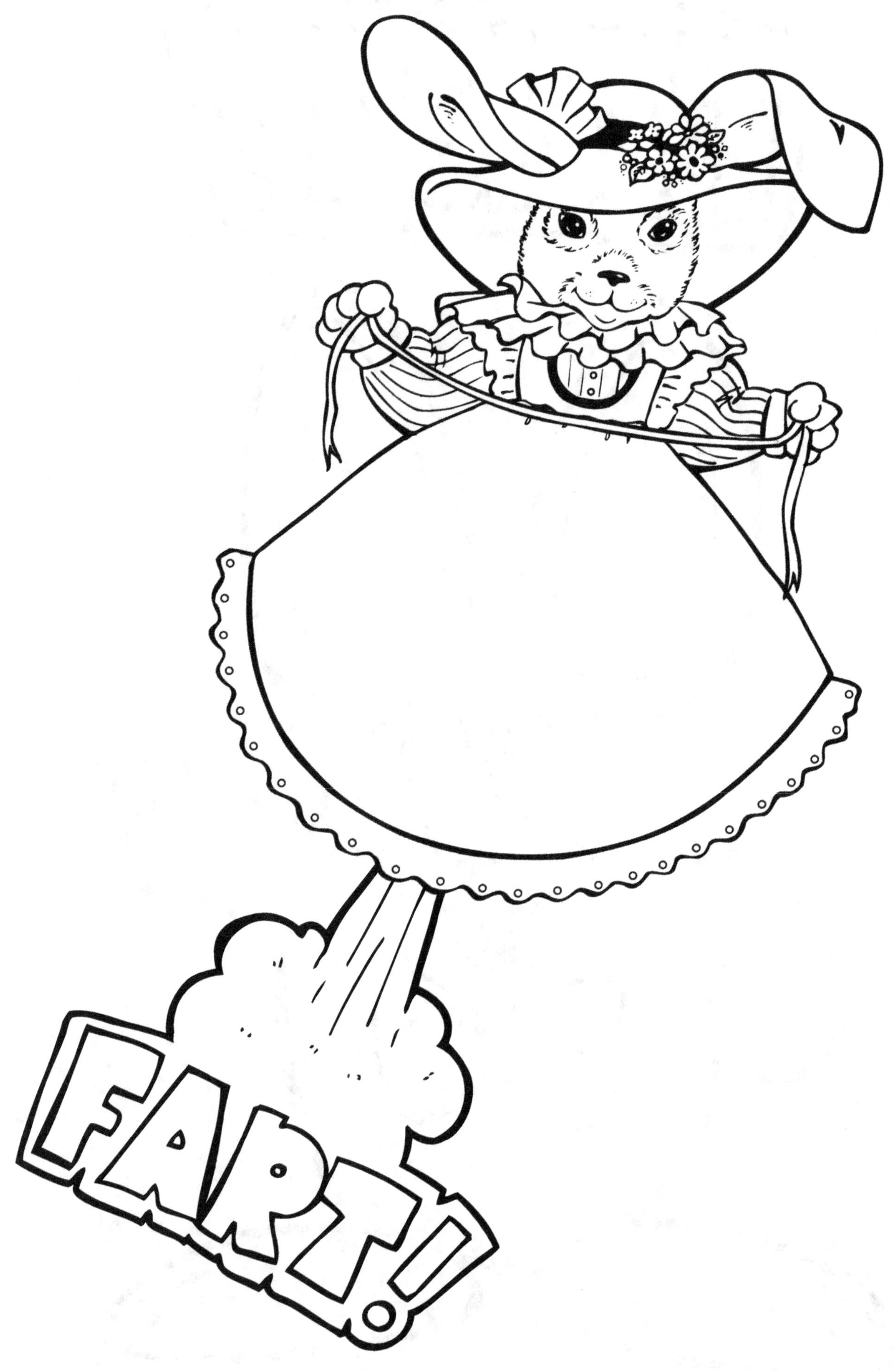

FART!

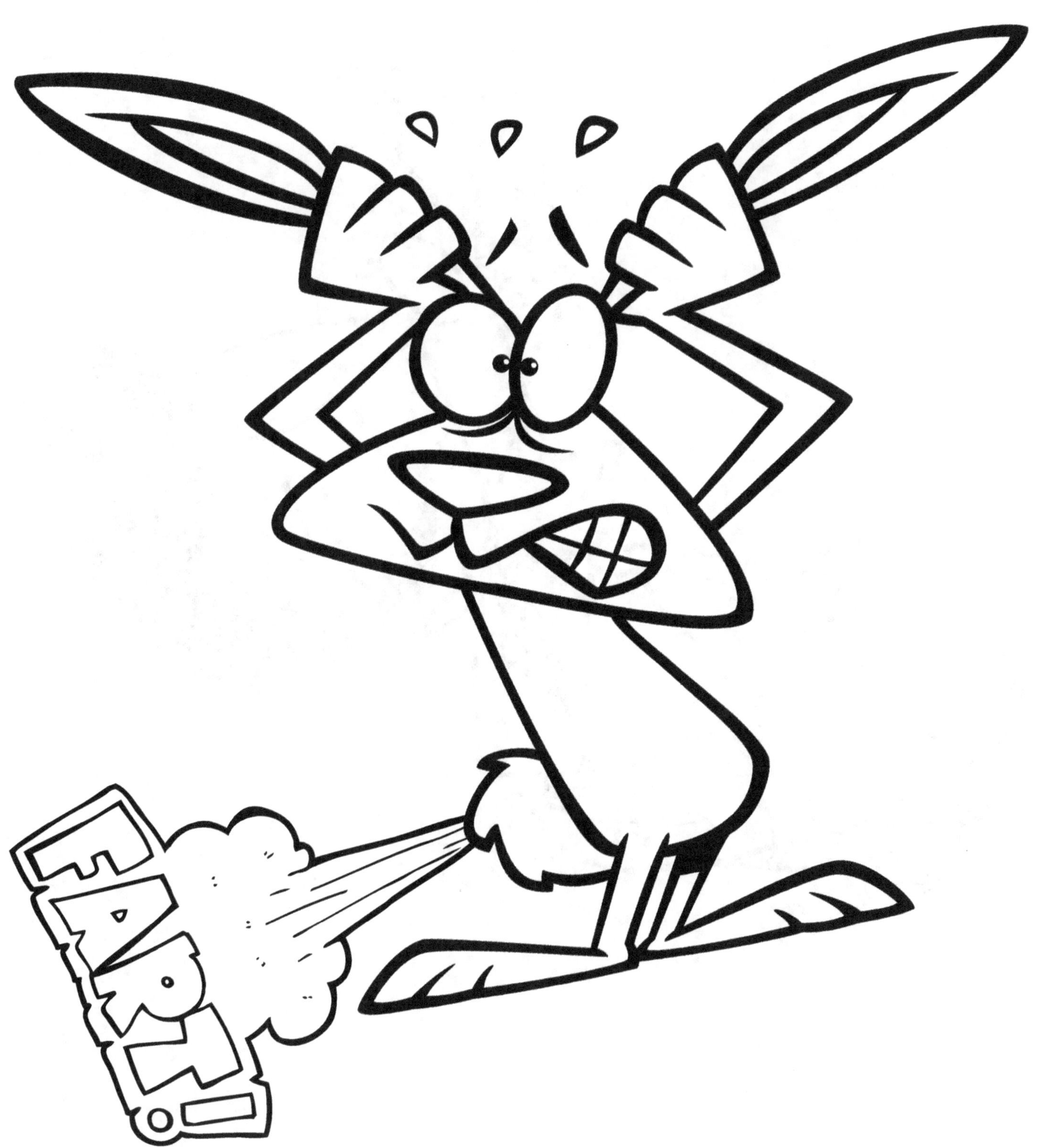

FART!

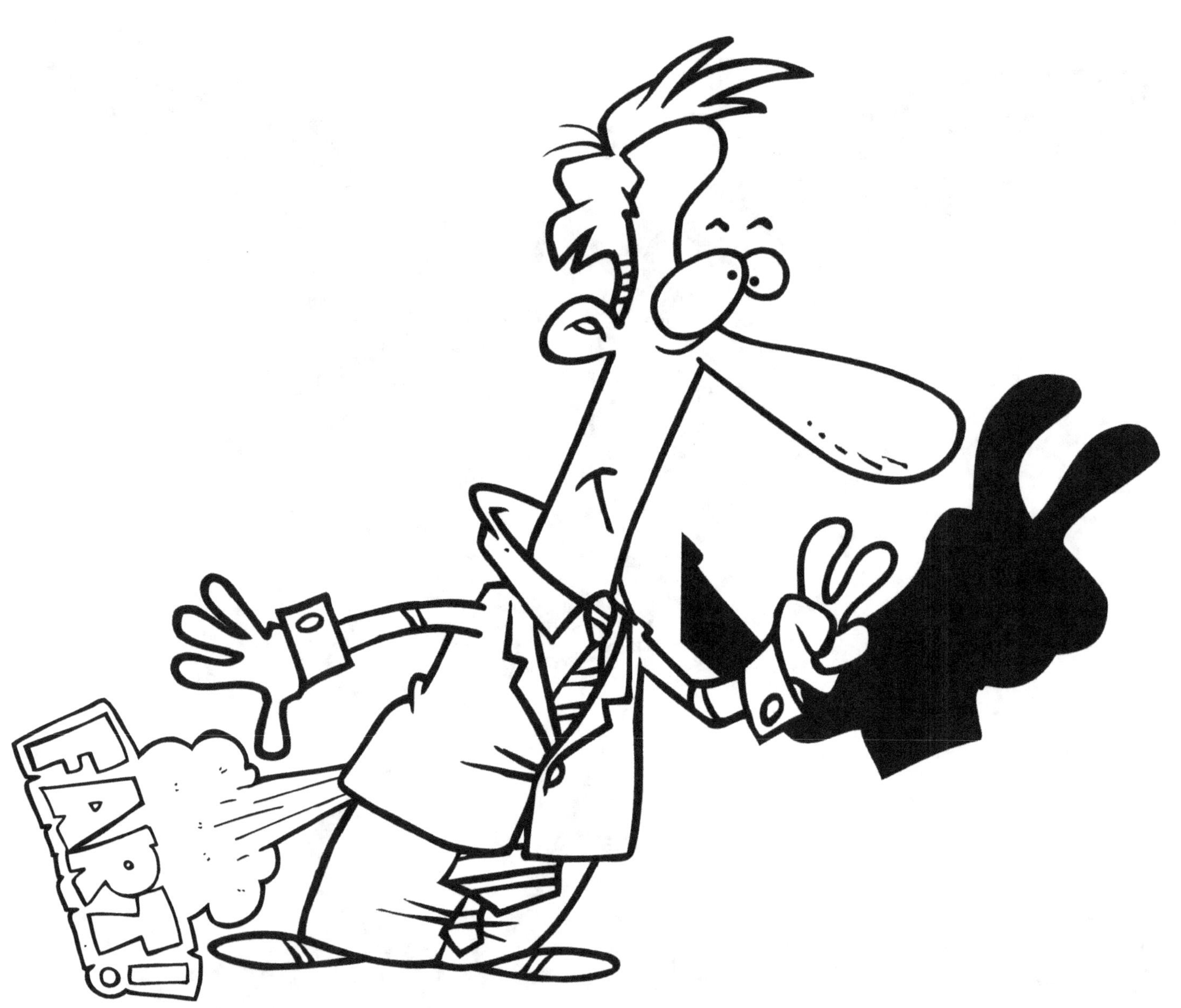

FART!

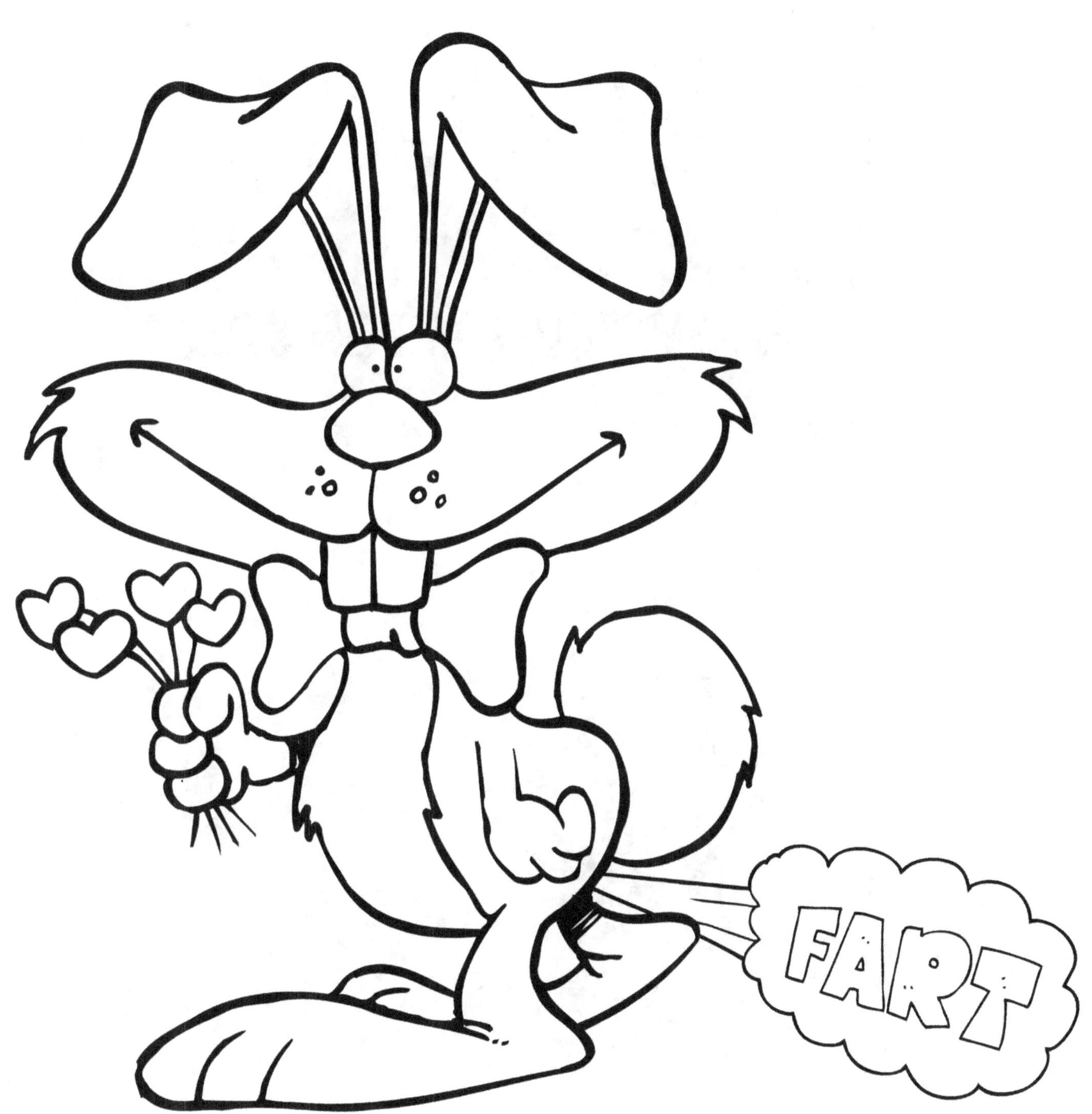
FART

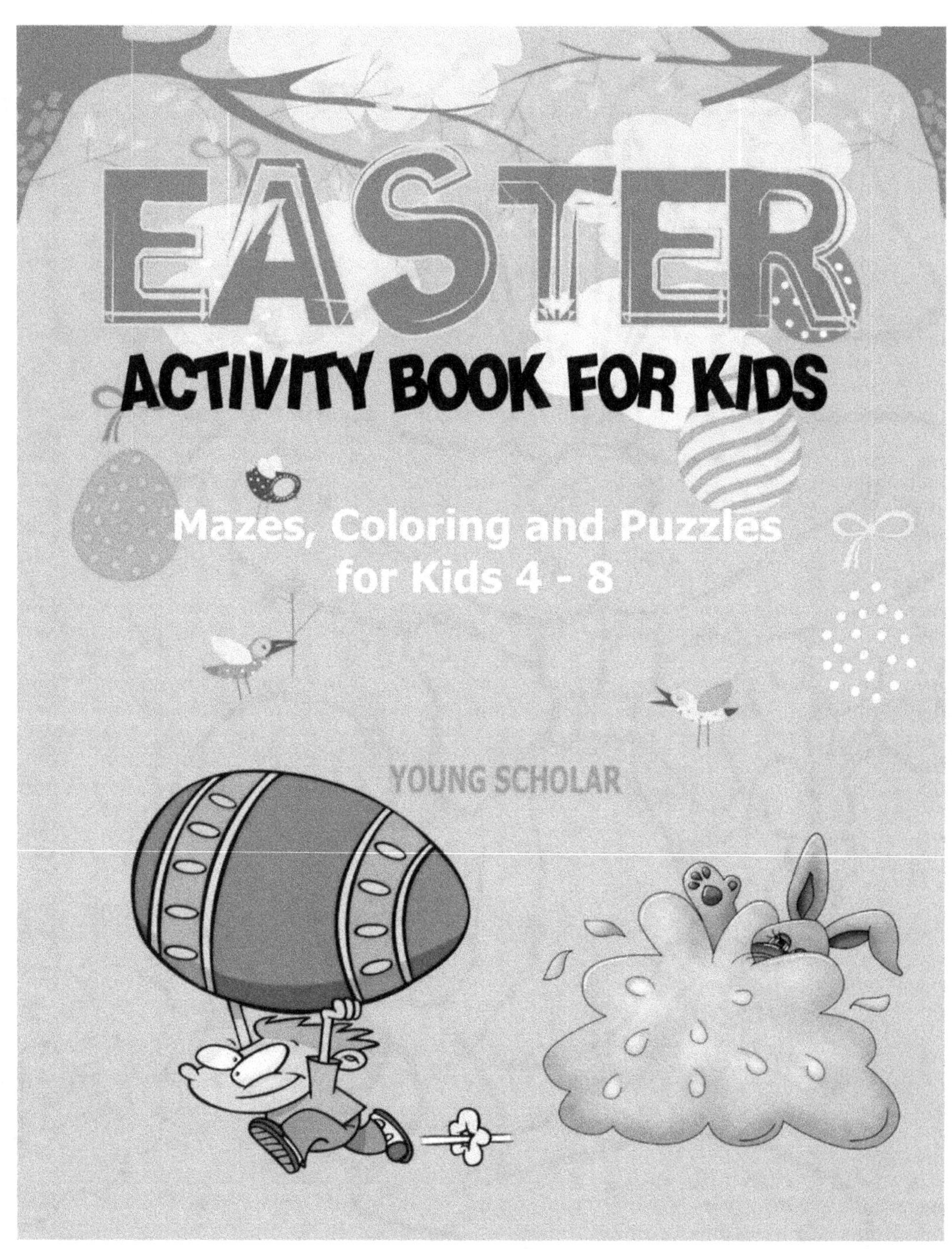

Easter Activity Book for Kids

Available at amazon.com